Infrastrukturelle Voraussetzungen des Strukturwandels

Die Deutsche Bibliothek - CIP-Einheitsaufnahme

Infrastrukturelle Voraussetzungen des Strukturwandels/ Akademie für Raumforschung und Landesplanung . - Hannover: ARL, 1993
(Forschungs- und Sitzungsberichte / Akademie für Raumforschung und Landesplanung; 193: Wissenschaftliche Plenarsitzung; 1992)
ISBN 3-88838-019-7
NE: Akademie für Raumforschung und Landesplanung <Hannover>: Forschungs- und Sitzungsberichte

FORSCHUNGS- UND
SITZUNGSBERICHTE

Infrastrukturelle Voraussetzungen des Strukturwandels

Wissenschaftliche Plenarsitzung 1992

Autoren dieses Bandes

Dieckmann, Jochen, Assessor, Geschäftsführendes Präsidialmitglied des Deutschen Städtetages, Köln, Korrespondierendes Mitglied der ARL

Jochimsen, Reimut, Dr., Professor, Staatsminister a.D., Staatssekretär a.D., Präsident der Landeszentralbank in Nordrhein-Westfalen, Düsseldorf, Ordentliches Mitglied der ARL

Kappert, Gunter, Dipl.-Ing., Professor, Staatssekretär a.D., Niedersächsische Staatskanzlei, Hannover, Korrespondierendes Mitglied der ARL

Roscher, Harald, Dr., Professor, Hochschule für Architektur und Bauwesen, Lehrgebiet Stadttechnik an der Fakultät für Architektur, Stadt- und Regionalplanung, Weimar

Spiegel, Erika, Dr., Professorin, Technische Universität Hamburg-Harburg, Sozialwissenschaftliche Grundlagen des Städtebaus, Hamburg, Ordentliches Mitglied der ARL und Vizepräsidentin für die Jahre 1991-1992

Schmitz, Gottfried, Dr., Verbandsdirektor, Raumordnungsverband Rhein-Neckar, Mannheim, Ordentliches Mitglied der ARL und Vizepräsident für die Jahre 1991-1992

Treuner, Peter, Dr., Professor, Universität Stuttgart, Institut für Raumordnung und Entwicklungsplanung, Stuttgart, Ordentliches Mitglied der ARL und Präsident für die Jahre 1991-1992

Zimmermann, Horst, Dr., Professor, Universität Marburg, Leiter des Fachgebietes Finanzwissenschaft, Marburg, Ordentliches Mitglied der ARL

Best.-Nr. 019
ISBN 3-88838-019-7
ISSN 0935-0780

Druck: poppdruck, 3012 Langenhagen
Auslieferung
VSB-Verlagsservice Braunschweig

Inhaltsverzeichnis

Erika Spiegel

Begrüßung und Einführung

Zum Verhältnis von Wissenschaft und Praxis

Liebe Kollegen, liebe Gäste, meine sehr verehrten Damen und Herren,

ich eröffne hiermit die 31. Wissenschaftliche Plenarsitzung der Akademie für Raumforschung und Landesplanung. Wir freuen uns ganz besonders, unsere Wissenschaftliche Plenarsitzung 1992 in Thüringen abhalten zu können. Ich sage bewußt: in Thüringen und nicht: in Weimar - nicht um dieser berühmten Stadt die ihr gebührende Ehre zu verweigern, sondern weil es uns ja in der Tat - und mit großem Gewinn - gelungen ist, fast an drei Orten gleichzeitig zugegen zu sein, in Weimar, in Erfurt, in Oberhof, und dazu auf den Straßen rundum. Aber auch, weil ich bei der Erwähnung von Weimar unverweigerlich ein Zitat von Goethe zur Hand haben müßte, nach dem schon der Herr Geheime Rat die Bedeutung der Raumordnung und Landesplanung erkannt hätte - was er zwar sicher getan, aber vermutlich anders bezeichnet und uns daher in keinem Zitatenschatz hinterlassen hat.

Besonders begrüßen möchte ich die vielen Kollegen aus den neuen Bundesländern, nach der Teilnehmerliste sind es fast hundert, die unter uns sind, sicher auch ein Beweis für die große Aktualität und das breite Interesse, das unser diesjähriges Thema "Infrastrukturelle Voraussetzungen des Strukturwandels" beanspruchen kann. Ein besonderer Gruß gilt aber auch einer Gruppe polnischer Kollegen, die einen Besuch in der Bundesrepublik mit der Teilnahme an unserer Veranstaltung verbunden haben.

Ich nehme auch dies als Beweis, daß die Auswahl des Generalthemas wie auch die Auswahl der Themen der einzelnen Referate und der Podiumsdiskussion heute nachmittag so einsichtig sind, daß ich sie hier nicht weiter zu begründen brauche. Dies hat uns gestern abend auch Herr Minister Schuster bestätigt. Ich möchte statt dessen die Anwesenheit zahlreicher Gäste, die noch wenig mit unserer Akademie zu tun gehabt haben, benutzen, um einige Worte über die Struktur und Arbeitsweise der Akademie für Raumforschung und Landesplanung zu sagen, und zwar im Hinblick auf eine Frage, die gestern abend ebenfalls angesprochen wurde: das Verhältnis von Wissenschaft und Praxis, die Praxis in diesem Falle vertreten durch Verwaltung und Politik. Die besondere Aktualität auch dieses Themas gerade hier und heute ergibt sich für mich daraus, daß gerade die neuen Bundesländer zur Zeit mit einer so großen Zahl wissenschaftlicher Gutachten, Enquêten, Forschungsergebnisse konfrontiert sind, daß es, für beide Seiten, vielleicht nützlich ist, sich über die Möglichkeiten, aber auch über die Grenzen wissenschaftlicher Beratung in Verwaltung und Politik Rechenschaft abzulegen. Ich muß dabei vorausschicken, daß ich Sie hier zwar in meiner Eigenschaft als derzeitige Vizepräsidentin unserer Akademie begrüßt habe, daß aber das, was ich hierzu zu sagen habe, weniger als Ergebnis der langjährigen Erfahrungen der Akademie auf diesem Gebiet zu werten ist, eher als Ergebnis der Erfahrungen eines Hochschullehrers, der selbst auf einem praxisnahen Gebiet tätig ist und dabei seine eigenen Einsichten gewonnen hat.

Die Akademie für Raumforschung und Landesplanung ist eine der wenigen Institutionen in der Bundesrepublik, in denen die Zusammenarbeit zwischen Wissenschaft und Praxis in der Satzung festgeschrieben ist. In dem entsprechenden Passus heißt es, daß es Aufgabe der Akademie sei,

- Wissenschaft und Praxis zusammenzuführen,
- die Ergebnisse ihrer Arbeit für Wissenschaft, Verwaltung und Politik nutzbar und der Öffentlichkeit zugänglich zu machen.

Diese Zusammenarbeit spiegelt sich zunächst in der Zusammensetzung der Gremien und der Mitglieder der Akademie, der Ordentlichen wie der Korrespondierenden, wider, die fast zu gleichen Teilen aus dem wissenschaftlichen Bereich und aus der planenden Verwaltung kommen. Besonders stolz sind wir immer darauf, wenn Mitglieder unserer Akademie auch Regierungsverantwortung übernehmen, wofür es genug prominente Beispiele gibt. Sie spiegelt sich aber auch in den Arbeitskreisen und Arbeitsgemeinschaften der Akademie wider, in denen der größte Teil unserer wissenschaftlichen Arbeit geleistet wird - ob es sich nun um die Verankerung des Umweltschutzes in der Raumordnung handelt, um den föderativen Aufbau der Bundesrepublik oder um die Zukunft der regionalen Wirtschaftspolitik - und in denen regelmäßig Fachleute sowohl aus dem Hochschulbereich wie aus den thematisch angesprochenen Verwaltungen zusammenarbeiten. Und es spiegelt sich in den Forschungsaufträgen wider, die die Akademie vergibt und die stets die Anwendbarkeit der Ergebnisse in der Praxis zur Voraussetzung haben. Für alle diese Gremien und Arbeiten gilt: keine Abstriche am wissenschaftlichen Anspruch und Niveau, aber der zusätzliche Anspruch, daß die Ergebnisse möglichst unmittelbar für die planerische Praxis nutzbar sein sollen.

Allerdings ist - und dies gilt keineswegs nur für diese Akademie - die Zusammenarbeit nicht immer so problemlos, wie es Satzungsvorschriften und Arbeitsprogramme mitunter erwarten lassen. Am problemlosesten gestaltet sie sich in der Regel auf Ebenen wie der der Arbeitskreise und Arbeitsgemeinschaften, auf denen das gemeinsame Interesse an einem Thema unterschiedliche Wissensstände, Denkgewohnheiten und Berufssituationen überbrückt und die unmittelbare Diskussion zum Verstehen der jeweils anderen Perspektive zwingt. Außerdem ist die Interessenlage relativ ausgewogen: die Mitglieder aus dem wissenschaftlichen Bereich sind meist dankbar, daß sie auf diese Weise von der genaueren Orts-, Situations- und Problemkenntnis, die die Mitglieder aus der Praxis durch ihre Tätigkeit "vor Ort" mitbringen, profitieren können, eine Kenntnis, die sie sonst oft erst verspätet oder aus zweiter oder dritter Hand erhalten und die es ihnen erlaubt, eigene Ansätze und Positionen rechtzeitig zu überprüfen; die Mitglieder aus der Praxis sind froh, sie bedrängende Probleme, die im Tagesgeschäft den kürzeren ziehen, ansprechen, überdenken und ohne Rücksicht auf Vorgesetzte und politische Gremien diskutieren zu können.

Weniger problematisch ist auch, wenngleich aus anderem Grunde, die Zusammenarbeit auf der Ebene der Beiräte, Ausschüsse, Ministergespräche, dies vor allem dann, wenn beide Seiten ihre Rollen kennen und akzeptieren und die Wissenschaft sich nicht, zum Beispiel, als Heilsbringer versteht, die Praxis sie nicht schon vorab der "blassen Theorie" beschuldigt. Dort ist man im allgemeinen gewohnt, daß unterschiedliche Wissenschaften, unterschiedliche

Verbände, auch unterschiedliche Ministerien unterschiedliche Standpunkte haben und daß diese im Vorfeld politischer Entscheidungen gegeneinander abgewogen werden müssen.

Problematisch ist und bleibt die Verständigung dort, wo, meist im Rahmen von Gutachten oder Forschungsaufträgen, von der Wissenschaft Aussagen und Ergebnisse erwartet werden, die unmittelbar in Vorschriften, Richtlinien, Programme umgesetzt werden können, etwa in Form von Grenz- oder Schwellenwerten für bestimmte Schadstoffe, aber auch für die Tragfähigkeit von Infrastruktureinrichtungen oder für sozialverträgliche Anteile ausländischer Bevölkerung in Wohngebieten, nicht zu sprechen von den Fällen, in denen sich der Auftraggeber lediglich Eideshilfe in Streitfragen erhofft und damit das Ergebnis bereits vorwegnimmt.

Auch wenn derartige - und andere - Verständigungsschwierigkeiten sich meist am konkreten Fall entzünden, sind die Ursachen doch in der Regel allgemeinerer Art, das heißt, sie beruhen weniger auf Unzulänglichkeiten oder mangelnder Verständigungsbereitschaft der beteiligten Personen als auf den unterschiedlichen Rahmenbedingungen und Systemzusammenhängen, in denen hie Wissenschaft, da Praxis arbeiten. Diese gilt es bewußtzumachen, zu verstehen und bereits bei der Formulierung und Übernahme entsprechender Aufträge zu berücksichtigen. Ich möchte in diesem Zusammenhang drei Problembereiche ansprechen, deren Nichtbeachtung immer wieder zu Mißverständnissen und Enttäuschungen Anlaß gibt.

Der erste Problembereich betrifft Unterschiede der Denkstrukturen und Zeithorizonte. Die Wissenschaften denken in der Regel in einem theoretisch-analytischen Bezugsrahmen, aus dem, in einem deduktiven Prozeß, das zu lösende Problem, die Arbeitshypothesen und die zu ihrer Überprüfung geeigneten Methoden abgeleitet werden. Das Problem muß also theoretisch ergiebig und von grundsätzlicher und langfristiger Bedeutung sein. Da es sich beim heutigen Stand der Wissenschaft bei Problemen, die diesem Anspruch genügen, fast immer um außerordentlich komplexe Probleme handelt, können auch die Ergebnisse nur komplex, und das heißt, mehrdimensional sein und nur in Wenn-dann-Form angeboten werden.

Die planerische Praxis hingegen denkt, wenn sie Fragen an die Wissenschaft richtet, induktiv. Ausgangspunkt ist ein zeitlich und örtlich begrenztes Problem, dessen theoretische Ergiebigkeit nicht interessiert. Die Antworten, die von der Wissenschaft erwartet werden, sollen sich auf genau dieses Problem beziehen, sie sollen möglichst eindeutig und sie sollen kurzfristig verfügbar sein. Die Wenn-dann-Form entspricht zwar der Forderung nach Alternativen, die inzwischen sogar in die Gesetzgebung Eingang gefunden hat. Trotzdem ist sie nicht immer willkommen, da sie den Entscheidungsdruck nicht vermindert.

Der zweite Problembereich betrifft Unterschiede des institutionellen Rahmens und der Organisationsstruktur, wie sie sich bei den Hochschulen in der Untergliederung in Fakultäten, Fachbereiche und Institute, bei Ministerien und Behörden in der Untergliederung in Abteilungen und Dezernate widerspiegeln. Dabei gilt für die Hochschulen, daß Interdisziplinarität zwar immer wieder gefordert und von den forschungsfördernden Institutionen auch honoriert wird. Sie findet aber meist nur ad hoc statt; die durch Stellenpläne und Haushaltstitel festgeschriebenen Grenzen zwischen den Disziplinen werden damit nicht dauerhaft überwunden. Insofern ist auch die Auswahl von Forschungsthemen in der Regel an Laufbahn, Aufstiegsmöglichkeiten und Reputation innerhalb der eigenen Disziplin orientiert. Wer sich nicht daran orientiert, läuft Gefahr, sich zwischen alle Stühle, zumindest alle Lehrstühle zu setzen, die ihrer Bezeichnung, ihrer Zuordnung und ihrem Selbstverständnis nach die disziplinären Grenzen respektieren.

Die planerische Praxis ist, soweit es sich um Fachplanungen handelt, zwar oft auch analog zu diesen disziplinären Grenzen organisiert und unterhält entsprechend gute nachbarliche Beziehungen zur universitären und außeruniversitären Fachwelt, etwa das, was Frido Wagener einmal etwas despektierlich als "vertikale Fachkumpanei" bezeichnet hat. Gerade für die Raumplanung trifft diese disziplinär-fachliche Ausrichtung aber nur sehr begrenzt zu. Die Fragen und Probleme, die sich ihr stellen, sind im allgemeinen fachübergreifend und müssen daher auch fachübergreifend bearbeitet werden. Auch die Vergabe von Gutachten- und Forschungsaufträgen erfordert daher bereits im Vorfeld eine Abstimmung zwischen der räumlichen und den jeweils betroffenen Fachplanungen, und sie erfordert häufig eine gemeinsame Vergabe an Vertreter unterschiedlicher Fachdisziplinen. Wer beides versucht hat, kennt die Schwierigkeiten. Insofern ist es der planerischen Praxis kaum vorzuwerfen, wenn sie sich gern an außeruniversitäre Forschungsinstitute wendet, die flexibler in ihren Organisationsstrukturen und damit eher in der Lage sind, auf wechselnde Aufgaben hin zugeschnittene Arbeitsgruppen zu bilden.

Ein dritter Problembereich betrifft Unterschiede in der Definition und Interpretation planerischer Probleme. Die Wissenschaften sind in der Regel an den inhaltlichen Aspekten eines Problems interessiert, darüber hinaus an den Methoden, mit denen es angegangen werden kann. Die planerische Praxis sieht ein Problem, vor allem aber seine Lösung, von vornherein im Lichte der gesetzlichen Voraussetzungen, der behördlichen Zuständigkeiten, der Verfahrensregeln, nach denen eine Verwaltung arbeiten muß, vielleicht noch nach den Förderungsmöglichkeiten, die gerade zur Verfügung stehen. Ein Problem, das nicht in die eigene - oder eine andere, aber ebenso genau definierte - Zuständigkeit fällt oder das mit den verfügbaren Instrumenten nicht gelöst werden kann, wird leicht übersehen, gilt zumindest als zweitrangig.

Es gibt einen weiteren Problembereich, der aber weniger durch die unterschiedlichen Rahmenbedingungen und Systemzusammenhänge, innerhalb derer die Kontrahenten arbeiten, bedingt ist als durch ihr Selbstverständnis. Auf den Punkt gebracht wird dies mit der Frage, wer hier eine Bringschuld, wer eine Holschuld hat. Oder auch: ob es die Wissenschaften sind, die die Probleme der Praxis bereits im Vorfeld zu erkennen und darauf zugeschnittene Lösungen anzubieten haben, oder ob es die Praxis ist, die zunächst die Fragen zu formulieren und damit von sich aus, aus eigener Initiative, an die Wissenschaften heranzutreten hat.

Es würde den Wissenschaften - und ich komme aus dem Bereich der Wissenschaften - schlecht anstehen, sich (wieder einmal) auf eine Analyse wie diese zu beschränken, ohne gleichzeitig Abhilfe anzubieten. Ich möchte daher die Aufgaben, die sich meines Erachtens daraus beiden Seiten für eine reibungslose und effektive Zusammenarbeit stellen, folgendermaßen zusammenfassen:

Auf seiten der Wissenschaft muß versucht werden,

- die Fragen, die ihr gestellt werden - aber auch die Fragen, die ihr noch nicht gestellt wurden, die aber bereits erkennbar sind -, aus dem Kontext heraus, in dem sie entstanden sind, zu verstehen und sie nicht in ihren eigenen Kontext hineinzuinterpretieren. Das setzt neben der laufenden Beobachtung der planerischen Wirklichkeit die Bereitschaft voraus, sich bereits vor Übernahme einer Aufgabe genau über diesen Kontext zu informieren und ihn bei der Ausarbeitung eines Untersuchungsprogramms oder eines Angebots zu berücksichtigen. Das heißt aber auch: sie muß sich ohne Vorbehalte auf die Praxis einlassen, jedoch ohne sich ihr kritiklos zu überlassen;
- die Antworten, die sie erarbeitet hat - auch und gerade, wenn es Wenn-dann-Antworten sind -, so zu formulieren, daß sie den Denkgewohnheiten, den Zeithorizonten, der Arbeitssituation und den Arbeitsinstrumenten derer, die die Fragen gestellt haben, entgegenkommen. Entgegenkommen, nicht entsprechen. Gerade wenn eine Problemsicht erweitert oder verändert, die Praxis zur Überschreitung ihrer eigenen Grenzen veranlaßt werden soll, müssen diese Grenzen aber zunächst bekannt sein und auch bei Vorschlägen zu ihrer Überschreitung explizit gemacht werden. Dies bedeutet keinen "vorauseilenden Gehorsam", wohl aber Einsicht in die Systemzusammenhänge, innerhalb derer auch die eigene Arbeit zur Wirkung kommen soll;
- wo es die Aufgabe erfordert, die interdisziplinäre Zusammenarbeit von sich aus zu suchen.

Auf seiten der Praxis muß versucht werden,

- sich soweit mit dem Wissensstand und den Arbeits- und Erkenntnismöglichkeiten der fachnahen Wissenschaften vertraut zu machen, daß Fragen "richtig" und so präzise gestellt werden können, daß sie in der vorgesehenen Zeit und mit den verfügbaren Mitteln beantwortet werden können. Wer dies, von der Praxis her gesehen, für eine Überforderung hält, übersieht, daß in einer verwissenschaftlichten Welt Grundkenntnisse sowohl über die allgemeinen Bedingungen, unter denen Wissenschaft arbeitet, wie über den Stand des Wissens im eigenen Fach ebenso unerläßlich sind wie Gesetzeskenntnisse und Verfahrensbeherrschung. Auch unter solchen Gesichtspunkten ist Weiterbildung kein Luxus;
- bereits vor Formulierung eines Auftrages das Gespräch mit der Wissenschaft zu suchen, die Fragestellungen gemeinsam zu erarbeiten und daran auch interessierte Kollgen aus anderen Ämtern oder Behörden zu beteiligen.

Nicht damit gelöst und auch nicht damit zu lösen sind Probleme, die sich aus dem Spannungsverhältnis zwischen Wissenschaft und Politik ergeben und die den oft genug ausgetragenen Werturteilsstreit beschwören. Dazu sei hier nur soviel gesagt, daß Wissenschaft Politik nicht ersetzen, daß sie nur Entscheidungshilfe leisten, Entscheidungsalternativen deutlich machen kann. Oder, wie es der Philosoph Robert Spaemann auf der Jahresversammlung 1988 der Westdeutschen Rektorenkonferenz, die dem Thema "Wissenschaft und Politik - Erkennen und Entscheiden in gegenseitiger Verantwortung" gewidmet war, ausgedrückt hat: "Was nun den Politiker, den Abgeordneten betrifft, so sagt unsere Verfassung, er sei nur seinem Gewissen verantwortlich. Das heißt, er ist nicht nur nicht gebunden an 'Aufträge und Weisungen', er kann auch sein Gewissen nicht an Professoren delegieren. Er soll sie hören und sich am Ende fragen, ob sie ihn überzeugt haben, nicht ob sie den Stand der Wissenschaft repräsentieren. Einen solchen gibt es nicht in Sachen Ethik."

Peter Treuner

Herausforderungen einer neuen Infrastrukturpolitik

1. Zur Aktualität des Themas

Als im Juli 1990 die wirtschaftliche und im Oktober die politische Vereinigung der beiden Teile Deutschlands vollzogen wurden, war wohl kaum jemandem die ganze Fülle der grundsätzlichen Schwierigkeiten bewußt, die sich in der Folge der beiden Entscheidungen erst noch ergeben würden. Die Vorstellung, daß hinsichtlich der weiteren wirtschaftlichen Entwicklung in den neuen Ländern mit den ordnungspolitischen Grundentscheidungen die entscheidenden Neuentwicklungen eingeleitet würden und allen anderen Fragen nur eine zweite Bedeutung zukäme, erwies sich in dieser Einfachheit schnell als falsch.

Heute erkennen wir aufgrund unserer schon jetzt "teuren" Erfahrungen so klar, wie es die Theorie vor dreißig Jahren formulierte, daß der Infrastruktur als der "Summe der materiellen, institutionellen und personalen Einrichtungen und Gegebenheiten ..., die den Wirtschaftseinheiten zur Verfügung stehen und mit beitragen, den Ausgleich der Entgelte für gleiche Faktorbeiträge bei zweckmäßiger Allokation der Ressourcen, d. h. vollständige Integration und höchstmögliches Niveau der Wirtschaftstätigkeit, zu ermöglichen"[1]), eine zentrale, sehr praktische Bedeutung zukommt.

Die immer noch richtige allgemeine Infrastrukturdefinition Jochimsens aus dem Jahr 1964 bringt nämlich zum Ausdruck, daß die politische Entscheidung, eine marktwirtschaftliche Ordnung zu wollen, und das Einführen eines entsprechenden ordnungspolitischen Rahmens allein noch nicht zum Funktionieren einer Marktwirtschaft führen.

Hinzukommen müssen eine den Marktkonkurrenten entsprechende Kapitalausstattung der Unternehmen sowie eine ebenso entsprechende Infrastruktur, die es allen Wirtschaftseinheiten, den Unternehmen ebenso wie den privaten und den öffentlichen Haushalten, ermöglicht, die zu einem optimalen Wirtschaftsergebnis führenden Entscheidungen zu treffen.

Die Probleme der Kapitalausstattung und der Kapitalbildung in den Unternehmen der neuen Länder gehören - auch soweit sie in einer räumlich differenzierenden Weise gelöst werden müssen - in den allgemeinen wirtschaftpolitischen, nur im Gesamtzusammenhang der Bundesrepublik und ihrer Einbettung in die Europäischen Gemeinschaften zu lösenden Bereich ohne explizite räumliche Einzelentscheidungen.

---

1) Vgl. Reimut Jochimsen: Theorie der Infrastruktur. Tübingen 1966, S. 100.

Die Infrastruktur jedoch, in allen drei Bereichen der materiellen, institutionellen und personalen Voraussetzungen für das Funktionieren von Marktwirtschaft, stellt in ihrer immer raumspezifischen Unterschiedlichkeit, ihrer in den neuen Ländern im Vergleich zum Durchschnitt der alten Länder in weiten Bereichen unzureichenden Ausprägung und in ihrer Zuordnung zu den Verantwortungsbereichen verschiedener kommunaler und staatlicher Zuständigkeiten ein Problem dar, dessen Lösung in seinem räumlichen Zusammenhang im nationalen Rahmen gefunden werden muß.

In diesem Sinne ist es nicht in erster Linie und keineswegs ausschließlich ein akademisches Interesse, sondern eine praktische Herausforderung, der wir uns heute zu stellen versuchen. Mit dieser Einführung sollen daher auch nur soweit unumgänglich theoretische Grundfragen angeschnitten und vielmehr die anstehenden Grundsatzentscheidungen herausgestellt und begründet werden. Wenn es nämlich nicht in absehbarer Zeit gelingen wird, die erforderliche Infrastruktur überall dort bereitzustellen, wo sonst marktwirtschaftliche Produktion gar nicht zustandekommt und daher die existentiellen Grundlagen hinreichend gleichwertiger Lebensverhältnisse fehlen oder im Zuge der Anpassung an das Wirtschaftssystem des Westens wegfallen, dann wird es zu verstärkten Ost-West-Wanderungen kommen, die die Realisierbarkeit unserer bisherigen Grundvorstellungen von auch räumlich interpretierter Gleichwertigkeit in Frage stellen würden.

Für die weiteren Überlegungen soll der Einfachheit halber davon ausgegangen werden, daß im Prinzip das anzustrebende Oberziel der für alle Bürger möglichst gleichwertigen Lebensbedingungen weiterhin gelten wird, auch wenn sich gute Gründe für die Überzeugung anführen lassen, daß die generell extrem kleinräumige Interpretation dieses Ziels in der alten Bundesrepublik aus verschiedenen Gründen der Korrektur bedarf, um längerfristig Bestand haben zu können. Eine solche Korrektur der konkreten räumlichen Interpretation des Gleichwertigkeitszieles, die im übrigen ja auch nur einen sehr kleinen Teil des Gebietes und einen noch kleineren Teil der Bevölkerung der Bundesrepublik träfe, würde jedenfalls keinen grundsätzlichen Einfluß auf die nachfolgenden Erörterungen von Problemen der Infrastrukturpolitik haben.

Ohne hier auf eine theoretisierende Diskussion einer den neuen Bedingungen angepaßten Definition der im einzelnen zur Infrastruktur zu zählenden Einrichtungen und Gegebenheiten einzugehen, ist es für unseren Zusammenhang ausreichend, festzustellen, daß wesentliche und in der Regel die entscheidenden Elemente der Standortvoraussetzungen für das effiziente Wirtschaften der Unternehmen in Deutschland von der öffentlichen Hand bereitgestellt werden: Die erschlossenen Flächen, die Energieanschlüsse, die Wasserversorgung und die Entsorgung sowie die örtlichen Verkehrsanbindungen, weiterhin ein wesentlicher Teil der schulischen Einrichtungen und der Einrichtungen des Gesundheitswesens und nicht zuletzt auf lange Zeit noch ein Großteil der Wohnungen sollen von den Gemeinden bereitgestellt werden; ein großer Teil der überörtlichen Verkehrswege und der größere Teil der Bildungs- und Ausbildungseinrichtungen sind von den Ländern bereitzustellen, und die interregionalen Verkehrswege sowie - auf dem Wege der Mitfinanzierung - ein wesentlicher Teil des Hochschulwesens fallen in die Verantwortung bzw. Mitverantwortung des Bundes.

Mit dieser - unvollständigen - Aufzählung werden bewußt einerseits diejenigen sicherlich auch zu den marktwirtschaftsrelevanten Infrastruktureinrichtungen zählenden Elemente vernachlässigt, die - wie z. B. die Fernmeldeanschlüsse - zwar auch von Unternehmen der öffentlichen Hand bereitgestellt werden müssen, deren Leistungsangebot aber heute schon oder in absehbarer Zeit als quasi-ubiquitär gelten kann. Andererseits werden bewußt auch die Wohnungen einbezogen, auch wenn von diesen ein wesentlicher Teil im Eigentum privater Haushalte oder Unternehmen ist und auf Märkten gehandelt wird. Ohne ausreichende Wohnungen können aber weder die Gleichwertigkeits- noch die Marktwirtschaftsziele erreicht werden, so daß es sich hier in der konkreten Situation um den typischen Fall einer Infrastrukturaufgabe handelt. Der allgemeine Oberbegriff macht im übrigen auch wieder deutlich, daß die Eigentumsverhältnisse bzw. die Trägerschaft für die Abgrenzung von Infrastruktur nicht konstitutiv sein können.

Gerade in einer Entwicklungsphase, in der weltweit die Bedeutung von soweit wie möglich marktwirtschaftlich funktionierenden Systemen erkannt und betont wird, gilt es auch wieder, in der gebotenen Nüchternheit zu erkennen und anzuerkennen, daß der marktwirtschaftliche Teil immer nur auf der Grundlage und im Rahmen der vom Staat - oder von supra- und internationalen Staatengemeinschaften - und von den Kommunen geschaffenen Voraussetzungen und Rahmenbedingunen infrastruktureller Art funktioniert. Die Verantwortung des Staates und der Kommunen für das rechtzeitige Bereitstellen der richtigen Infrastruktur ist gerade für marktwirtschaftliche Ordnungen groß und erfordert klare Entscheidungskategorien, die die konkreten Ausgangssituationen und Entwicklungsmöglichkeiten berücksichtigen, d. h. eine entscheidungs- und handlungsorientierte, räumlich differenzierende und spezifizierende Planung voraussetzen.

Zugleich muß man erkennen, daß die systematischen Schwierigkeiten der politischen Entscheidung über Infrastrukturprojekte in gleicher Weise in den neuen und in den alten Ländern bestehen, auch wenn in letzteren die Auswirkungen nicht geleisteter Infrastrukturpolitik nicht - oder vermutlich besser: noch nicht - die existentielle Bedeutung haben wie in den neuen Ländern.

2. Hauptprobleme der Infrastrukturpolitik

Die Problematik einer operationalen Infrastrukturgesamtpolitik, die uns hier insbesondere, aber nicht nur im Zusammenhang mit der Notwendigkeit der Sicherung von Entwicklungsbedingungen in den neuen Ländern interessiert, läßt sich in drei Hauptkomplexe aufteilen, die nachfolgend erörtert werden sollen:

- erstens die Problematik der Festlegung von sachlich begründeten, räumlich differenzierten, politisch verständlichen Prioritäten,
- zweitens die Problematik der möglichst schnellen Realisierung von prioritären Infrastrukturprojekten und
- drittens die Problematik der Finanzierung der prioritären Maßnahmen.

2.1 Prioritäten des Infrastrukturausbaus

Das immer noch nicht allgemein und in seiner ganzen Tragweite erkannte Grundproblem des Festlegens von Prioritäten liegt in der neuen Situation des vereinigten Deutschland darin, daß es sich bei der vergleichenden Beurteilung der vorgeschlagenen oder geforderten einzelnen Maßnahmen nicht - wie in der Regel in den alten Ländern - um marginale Ergänzungen eines insgesamt ganz zufriedenstellend funktionierenden Gesamtsystems handelt, sondern daß die beiden alten Systeme (der alten Bundesrepublik und der früheren DDR) in einer grundlegenden Art und Weise - also nicht marginal, sondern total - verändert werden müssen und daher die Status-quo-Bedingungen, die in den alten Systemen die Grundlage der allermeisten Entscheidungen bildeten, nicht mehr aussagefähig sind.

Die Totalität der anstehenden, notwendigen Veränderungen bezieht sich gleichzeitig auf die sektoralen Aspekte der Wiederherstellung einer wettbewerbsfähigen wirtschaftlichen Basis in den neuen Ländern einschließlich Berlins und auf die Veränderungen der räumlichen Beziehungen und Bezugspotentiale und der daraus folgenden Anforderungen an infrastrukturelle Voraussetzungen; letzteres betrifft die Veränderungen räumlicher Strukturen im Innern Deutschlands ebenso wie die Veränderungen der geopolitischen Strukturen Europas.

Diese totalen Veränderungen erfordern mehr grundsätzlich-normative Entscheidungen als die normalen, marginalen Veränderungen, was wiederum voraussetzt, daß

- erstens grundsätzliche, räumlich hinreichend differenzierte, realistische (im Sinne von realisierbar) gemeinsame Entwicklungszielvorstellungen bestehen und
- zweitens auch die zeitlichen Vorrangigkeiten im Gesamtzusammenhang eingeschätzt und festgelegt werden.

Die erste Voraussetzung bedeutet nichts anderes, als daß der Bund - weil für das Gesamtterritorium verantwortlich - seine Entwicklungsvorstellungen formuliert und mit den Ländern abstimmt, so daß ein gemeinsamer, mittelfristig konstanter Entscheidungsrahmen für alle Einzelentscheidungen und -festlegungen verfügbar wird. Ein solcher Rahmen wäre im übrigen auch für die in den europäischen Institutionen anstehenden Entscheidungen - an deren Vorbereitung die Bundesrepublik bisher ohne ausformulierte räumliche Entwicklungsvorstellungen mitwirkt - von großer Bedeutung.

In diesem Sinne kommt dem von der Bundesbauministerin angekündigten Raumordnungspolitischen Orientierungsrahmen, wenn er denn den wesentlichen Anforderungen genügt und schnell kommt, eine ganz grundsätzliche Bedeutung zu. Dabei kann, ja darf an die analytischen und prognostischen Grundlagen dieses Orientierungsrahmens nicht der Genauigkeitsanspruch früherer Planungsansätze gestellt werden: In einer Entwicklungsphase grundlegender Strukturbrüche wäre es verhängnisvoll, sich nicht aussagefähigen alten oder neuen Trends anzuvertrauen. Nur so nüchtern wie möglich vorgenommene Einschätzungen des Erreichbaren können die politischen Entscheidungen begründen, und diese Einschätzungen werden kaum besser und verläßlicher, wenn noch ein Jahr länger an ihnen herumgedacht wird um den Preis kostbarer, vielleicht entscheidender Zeit.

Es muß hier betont und nachdrücklich unterstützt werden, daß das Präsidium der Akademie aus diesen Gründen den Bund aufgefordert und ermutigt hat, diesen wichtigen Orientierungsrahmen so bald wie irgend möglich vorzulegen.

Es ist im übrigen davon auszugehen, daß auch die - zunächst notwendiger- und richtigerweise auf die Wahrung ihrer Interessen und Positionen achtenden - Länder immer mehr erkennen werden, daß ein solcher schnell verfügbarer Orientierungsrahmen insgesamt allen, also auch den alten Ländern, eher mehr nützen wird als ein noch dreimal diskutierter, der ein Jahr später kommt.

Die zweite Voraussetzung, d. h. die Notwendigkeit einer zeitlichen Strukturierung der prioritären Infrastrukturmaßnahmen, führt unmittelbar zu der Frage, auf welche Weise die schnelle Realisierung der in die höchste zeitliche Dringlichkeitskategorie gehörenden Projekte gesichert werden kann. Es besteht kein Zweifel daran, daß die langsame Normalplanung der altbundesrepublikanischen Tradition nicht den Notwendigkeiten in den neuen Ländern entspricht.

Es spricht vieles dafür, die anstehende, in ihrer richtigen Größenordnung noch kaum abschätzbare Infrastrukturaufgabe zunächst und vorläufig in zwei Teilaufgaben zu untergliedern:

- eine erste für die nächsten zwei bis drei Jahre, die sich auf die Schaffung der produktionsrelevanten, Standortqualitäten verbessernden Infrastrukturelemente konzentriert, und
- eine zweite, die mittel- und längerfristig auf die allgemeine Niveauanpassung der Ver- und Entsorgungsinfrastruktur ausgerichtet ist.

Der in seinen Investitionsanforderungen immer noch nicht detailliert abschätzbare Niveauabstand zwischen Ost und West ist ganz offensichtlich so groß, daß in keinem Falle mit einem schnellen Abbau gerechnet werden kann; auch dies spricht dafür, in den Anfangsjahren der Strukturanpassung den produktionsorientierten Infrastrukturmaßnahmen einen hohen (wenn nicht gar absoluten) Prioritätswert beizumessen.

2.2 Realisierung prioritärer Infrastrukturprojekte

Die Realisierung der als prioritär eingeschätzten Infrastrukturprojekte erfordert vielfältige und wegen ihrer im totalen Veränderungsfall immer gegebenen ordnungspolitischen Bedeutung besonders schwierige Entscheidungen über die Art und die Dimension der einzusetzenden Instrumente. Im Zusammenhang dieses Einführungsreferats kann nur ein Teil dieser Gesichtspunkte angesprochen werden.

Der erste Hauptpunkt betrifft die Beschleunigungsproblematik; für den angemessenen Aufwand für das "richtige" Berücksichtigen der Abwägungserfordernisse einschließlich der Einbindung der UVP-Gesichtspunkte im Verhältnis zu den gewichtigen Zielen der zeitgerechten Entscheidungs- und Handlungsfähigkeit und der Beteiligung aller Betroffenen gibt es keine allgemeine Regel. Vielleicht stellt das Einführen zeitlich begrenzter besonderer Verfahren "aus besonderem öffentlichen Interesse" ähnlich der etwa in Frankreich gehandhabten Rechtskonstruktion - und zwar nicht nur für Aufgaben in den neuen Ländern, sondern auch für entsprechende besondere Aufgaben in den alten Ländern - einen Weg dar, der dem Grundsatz des Erhaltens der sinnvollen, aber eben erfahrungsgemäß sehr aufwendigen und sehr langsamen "Normalverfahren" Rechnung trägt.

Der zweite Hauptpunkt betrifft die Frage nach der Normalität der hierarchischen Flächennutzungsplanung. Können wir uns in den jetzigen "besonderen" Situationen das Verfahren Flächennutzungsplan - Bebauungsplan und erst daran anschließend Teil-Infrastruktur-Ausbaukonzepte noch leisten? Oder ist um der Dringlichkeit der Handlungskonzepte willen auch eine auf einem nur groben ersten Konzept eines Flächennutzungsplans aufbauende Rahmenplanung für den Ausbau der "Stadttechnik" (städtische Infrastruktur) nicht sinnvoller und vordringlich?

Der dritte Hauptpunkt betrifft die Zufälligkeit von ökologisch "schwierigen" oder "leichten" Planungssituationen in den Gemeinden der neuen Länder. Es kann nicht angehen, daß in Gemeinden mit einem im Prinzip vorhandenen Entwicklungsflächenpotential nur wegen einer ökologisch schwierigeren, aber lösbaren Planungsaufgabe eine de facto Benachteiligung entsteht, die sich nachhaltig und langfristig auf die örtlichen Entwicklungsmöglichkeiten auswirken kann (Benachteiligung durch im Verhältnis zu anderen Gemeinden besonders lange Planungszeiträume).

Als vierter Hauptpunkt ist die Frage anzuschneiden, ob unsere bestehenden Mechanismen der Flächenbereitstellung der Notwendigkeit, im Einzelfall übergeordnete Zielsetzungen auch gegen örtliche oder regionale Vorbehalte durchsetzen zu können, in ausreichendem Maße Rechnung tragen. Nicht erst die Flächenbereitstellungsproblematik in den neuen Ländern - aber diese in ganz besonders eklatanter Weise - hat gezeigt, daß unser bisheriges System jedenfalls insoweit nicht den Erfordernissen entspricht. Es muß eine Form gefunden werden, die im besonders begründeten Einzelfall den höheren räumlichen Verantwortungsebenen - dem Land und der Region, möglicherweise sogar dem Bund - das Recht gibt, Festlegungen von Flächennutzungen für wichtige überörtliche Funktionen auch gegen örtlichen Widerstand durchzusetzen.

Schließlich ist fünftens im Zusammenhang mit der Notwendigkeit der Schaffung eines besonderen Durchgriffsrechts auch das Verfahren des Enteignungsrechts zu überprüfen. Es ist jedenfalls in den angesprochenen Fällen eines besonderen öffentlichen Interesses nicht einzusehen, daß der eigentliche Enteignungsvorgang, der in der Regel die Voraussetzung für die Realisierung der beabsichtigten neuen Nutzung darstellt, von der endgültigen Erledigung des - meist "nur" hinsichtlich der Höhe der Entschädigung problematischen - Enteignungsverfahrens abhängig gemacht wird. Das öffentliche Recht der Bundesrepublik kann hier durchaus von besseren, jedenfalls für die Entwicklungsaufgaben praktischeren Regelungen in anderen Ländern lernen, deren Rechtsstaatlichkeit nicht mehr in Frage gestellt zu werden braucht als die unsere.

Die hier nur verkürzt angesprochenen Punkte verdeutlichen die umfassende Problematik, die über den konkreten Anlaß unserer Befassung mit der Infrastrukturpolitik in den neuen Ländern weit hinausreicht, für diese aber von besonderer und besonders dringlicher Bedeutung ist. Wir sind aus dem konkreten Anlaß und der nicht vorstellbaren Alternative eines Scheiterns der Aufbaubemühungen gezwungen, uns den Fragen der Reorganisation unseres Planungswesens zu stellen. Zugleich sollten wir diesen Zwang auch als Chance zu neuen Überlegungen verstehen, die im Hinblick auf längerfristige Notwendigkeiten auf alle Fälle zu erledigen sind, wenn wir der Gefahr einer Immobilisierung unserer Gesellschaft entgehen wollen.

2.3 Finanzierung prioritärer Infrastrukturprojekte

Zu der Frage nach einer richtigen, realisierbaren Infrastrukturpolitik gehört natürlich auch der alles entscheidende Finanzierungsaspekt. Es ist ganz offensichtlich, daß die neuen Länder und ihre Kommunen aus eigener Kraft auf absehbare Zeit nicht in der Lage sind, auch nur die dringlichsten Investitionen in kurzer Zeit aus eigener Kraft zu finanzieren.

Für jeden Versuch der Verwirklichung einer großen Solidaritätsaktion spielen die Überzeugungskraft des Gesamtkonzeptes und die Glaubwürdigkeit der Umsetzungsstrategie eine entscheidende Rolle. Ein solches Konzept und eine solche Strategie fehlen aber bisher noch ganz. Die Erfahrung mit den Versuchen der ersten zwei Jahre deutscher Einheit bestärkt auch die Zweifel, ob das föderale Prinzip für die Erledigung solcher besonderer Aufgaben geeignet ist. Man sollte daher - genauso wie vor 25 Jahren im Westen der Bundesrepublik - ins Auge fassen, eine (evtl. zeitlich auf zwei Jahrzehnte zu befristende) Sonderlösung vom Typ "Gemeinschaftsaufgabe" zu institutionalisieren, die Bund und Länder in einem festen gesetzlichen Rahmen zwingt - und ihren leitenden Beamten, wie die Erfahrung zeigt, die gern ergriffene Möglichkeit gibt -, auf der Basis einer Art von parlamentarischer Ermächtigung kontinuierlich eine operationale Planung zu konkretisieren, durchzusetzen und fortzuschreiben. In diesem besonderen Falle könnte sogar eine zeitlich befristete gesamtstaatliche Sonderbehörde (als Planungs- und Finanzierungsabwicklungs-Sekretariat, aber ohne Ausführungsaufgaben) gerechtfertigt sein, die ihren Sitz natürlich in einer Stadt in den neuen Ländern haben müßte.

Für den Bereich der kommunalen Infrastrukturinvestitionen, deren Finanzierung im wesentlichen auf dem Konzept der Anliegerbeiträge aufbaut, stellt sich in einer Phase, in der die meisten Anlieger entweder noch nicht beitragsfähig sind oder gar erst gewonnen oder gefunden werden müssen, die Frage, ob hier nicht an ein west-östliches interkommunales Solidaritätsprogramm, das der Vorfinanzierung von derzeit de facto nicht erhebbaren Anliegerbeiträgen dient, gedacht werden kann; die späteren Rückflüsse könnten dann einen ebenso auf interkommunalen Ausgleich von Zufälligkeiten gerichteten Fonds für die allgemeine Infrastruktursanierung alimentieren, auf den in den nächsten Jahrzehnten in Ost und West Aufgaben einer immer noch unbekannten, aber kaum zu überschätzenden Größenordnung zukommen.

3. Zusammenfassung

Die umfassende Aufbauproblematik in den neuen Ländern und einzelne große Entwicklungsanpassungsnotwendigkeiten im Westen der Bundesrepublik können auf die bisher übliche Planungs- und Entscheidungsart nicht in angemessener Zeit gelöst werden.

Alle an der Planung beteiligten Institutionen und Personen sind daher aufgerufen, pragmatische, womöglich nur befristet anzuwendende Sonderlösungen zu konzipieren, die die grundsätzlichen Errungenschaften des westdeutschen Planungssystems nicht in Frage stellen.

So läßt sich der Kern der hier vorgetragenen Überlegungen in drei Abschlußthesen zusammenfassen:

Erstens erfordert die Schaffung der für das Ingangsetzen einer langfristig wettbewerbsfähigen Wirtschaftsentwicklung notwendigen kommunalen und überkommunalen Infrastruktur einen aus der Verantwortung und der Einschätzung des Gesamtstaats begründeten räumlichen Orientierungsrahmen und eine pragmatische Zweiteilung der Infrastrukturaufgaben in die besonders dringlichen, sofort und auf der Grundlage beschleunigter Verfahren in Angriff zu nehmenden produktionsorientierten Maßnahmen einerseits und die im Rahmen eines langfristigen Gesamtplans durchzuführenden Maßnahmen zum Abbau der bestehenden allgemeinen Niveauunterschiede andererseits.

Zweitens erfordert die Erledigung der Infrastrukturproblematik in den neuen Ländern ein langfristiges Finanzierungskonzept, das ein starkes interkommunales Element enthalten sollte, um die staatliche Einwirkung auf den typischen kommunalen Verantwortungsbereich auf die auch dann noch unverzichtbare Mitfinanzierung zu beschränken.

Drittens erfordert die Erledigung der Infrastrukturaufgaben angepaßte institutionelle Regelungen, die derzeit nicht bereitstehen; es wird daher angeregt, in den Artikel 91a des Grundgesetzes eine vierte Gemeinschaftsaufgabe "Infrastrukturaufbau in den neuen Ländern" einzuführen (oder die bestehende Gemeinschaftsaufgabe "Verbesserung der regionalen Wirtschaftsstruktur" entsprechend neu auszurichten) und dabei den Bundesgesetzgeber zu ermächtigen, mit Zustimmung des Bundesrats eine auf zwanzig Jahre befristete Bundes-Sonderbehörde zur Planung und Finanzierung der Aufgaben dieser neuen Gemeinschaftsaufgabe zu errichten.

Harald Roscher

Herstellungs- und Erneuerungsbedarf kommunaler technischer Infrastruktur

Seit Anfang der achtziger Jahre zeichnete sich in der ehemaligen DDR immer deutlicher ab, daß die stadttechnische Versorgung aufgrund des hohen physischen und moralischen Verschleißes der Netze und Anlagen entwicklungshemmend für die Stadtentwicklung war. Leistungsreserven waren erschöpft, und in den Innenbereichen der Städte führte der hohe Überalterungsgrad, insbesondere der Verteilungsnetze, zu immer mehr Problemen in der stadttechnischen Versorgung - hohe Schadenshäufigkeit an Wasser- und Gasleitungen, Druckmangel in Teilen der Wasser- und Gasversorgungsnetze, nicht ausreichende Spannung in der Elektroenergierversorgung, Rückstauerscheinungen in Abwassernetzen usw. /1/

Stadttechnische Versorgungssysteme wurden in der DDR gebaut und betrieben durch die VEB Wasserversorgung und Abwasserbehandlung, VEB Energieversorgung und die Deutsche Post. Diese Betriebe wurden durch Ministerien bzw. durch die nachgeordneten Einrichtungen der 15 Bezirke geleitet. Der Ausbau der stadttechnischen Versorgungsanlagen war bestimmt durch die Standorte der Großindustrie (in den sechziger und siebziger Jahren: Eisenhüttenstadt, Hoyerswerda, Schwedt, Halle-Neustadt) und den komplexen Wohnungsneubau am Rande der Groß- und Mittelstädte (Berlin, Leipzig, Rostock, Neubrandenburg, Schwerin usw.). Daraus resultierte insbesondere die Vernachlässigung des Ausbaus, der Erneuerung und Sanierung in den innerstädtischen Bereichen von Groß- und Mittelstädten sowie den Kleinstädten.

Intensive Forschungsarbeiten wurden bereits seit Ende der siebziger Jahre durch den Wissenschaftsbereich Verkehrsplanung und Stadttechnik der Sektion Gebietsplanung und Städtebau der Hochschule für Architektur und Bauwesen Weimar zur Leistungsfähigkeit und zu Ausbauerfordernissen der stadttechnischen Versorgung von Städten durchgeführt, die Ergebnisse in Forschungsarbeiten zusammengefaßt und in Veröffentlichungen über die notwendigen Maßnahmen auf dem Gebiet der stadttechnischen Versorgung berichtet. /1/2/3/4/

1. Zum Infrastrukturbestand

Der Anschluß an zentrale bzw. öffentliche stadttechnische Netze war unterschiedlich hoch und betrug in km Netzlänge bzw. an stadttechnische Netze angeschlossene Wohnungen (in %).

Diese Angaben beinhalten keine Aussagen des technischen Zustandes von Anlagen und Netzen.

Tab. 1: Infrastrukturbestand /5/13/14/
(Angaben beziehen sich auf die Zeit vor 1990)

	km	Anschlußgrad (%)
Wasser	98 000	93
Abwasser	37 000	71
Fernwärme	4 700	23
Gas	43 000 (HD, MD, ND)	55
Elektroenergie	227 000	100

Der Ausbaugrad der stadttechnischen Versorgungssysteme ist in den Städten unterschiedlich, und es bestehen beträchtliche Niveauunterschiede zwischen Groß-, Mittel- und Kleinstädten. Systeme der Wasserversorgung, Abwasserableitung, der Elektroenergie- und Gasversorgung sowie Informationsanlagen sind in Groß- und Mittelstädten grundsätzlich vorhanden, in Kleinstädten fehlen jedoch zum Teil zentrale Abwasserableitungsnetze und -behandlungsanlagen und Gasversorgungsnetze. Fernwärmeversorgungsnetze sind in Groß- und Mittelstädten im Zusammenhang mit dem komplexen Wohnungsbau entstanden und versorgen z. Z. ca. 25 % des Gesamtbestandes an Wohnungen und Industriebetrieben.

Aber auch innerhalb der Städte bestehen beträchtliche Niveauunterschiede hinsichtlich der stadttechnischen Versorgung. In zunehmendem Maße erfolgt eine flächenhafte stadttechnische Erschließung durch alle Versorgungssysteme. Der Ausbau der stadttechnischen Versorgungssysteme wurde in den letzten Jahrzehnten insbesondere durch den extensiven Wohnungsbau in Stadtrandlage sowie durch den Neubau von Industrieanlagen beeinflußt. Neubauwohngebiete erhielten eine vollkommene stadttechnische Versorgung mit Wasserversorgungs-, Abwasserableitungs-, Elektroenergie-, Fernwärme- und Gasnetzen (Energieversorgung drei- bzw. zweischienig) sowie Informationsanlagen und weisen ein höheres Versorgungsniveau als die übrigen Stadtgebiete auf.

Die stadttechnischen Versorgungsnetze sind gekennzeichnet durch hohes Durchschnittsalter, hohe Schadenshäufigkeit (Wasserversorgung ca. 80 000/a, Gasversorgung ca. 17 500 Schäden/a).

Mehr als 40 % der Wasserversorgungsleitungen sind älter als fünfzig Jahre. Die Rekonstruktionsrate mit Zementmörtelauskleidung betrug ca. 150 km/a; die Gesamtlänge der bereits sanierten Leitungen ca. 2 000 km (= 2,2 % des Gesamtbestandes). Im Vergleich zu den alten Bundesländern war außerdem die Materialstruktur sehr ungünstig (hoher Anteil Stahl- und Asbestzementrohrleitungen). Überalterung, ungünstige Materialstruktur sowie unzureichende Instandhaltung führten letztendlich zu einer hohen Schadenshäufigkeit. Besonders betroffen sind Stahlleitungen aus den Verlegejahren 1950 bis 1970 durch unzureichenden Korrosionsschutz /5 bis 10/ (siehe Abb. 1 bis 3).

Auf dem Gebiet der Entwässerung fällt neben dem unzureichenden Anschlußgrad (siehe Abb. 4) besonders die Altersstruktur der Kanalnetze ins Gewicht, wie nachfolgende Tabelle zeigt:

Tab. 2: Altersstruktur der Kanalnetze in den alten und neuen Bundesländern /11/

alte Bundesländer		neue Bundesländer	
0 - 25 Jahre	53 %	bis 10 Jahre	9,8 %
25 - 50 Jahre	28 %	10 - 30 Jahre	24,9 %
50 - 75 Jahre	12 %	30 - 60 Jahre	22,4 %
75 - 100 Jahre	6 %	60 - 80 Jahre	26,0 %
> 100 Jahre	1 %	80 - 100 Jahre	14,0 %
		> 100 Jahre	2,9 %

Daraus resultieren ein hoher Neubaubedarf für Neuanschlüsse und ein hoher Sanierungsbedarf für die bestehenden Kanalnetze.

Abb. 1: Materialstruktur Wasserversorgungsnetze DDR /5/ nach /8/, Stand 9/88

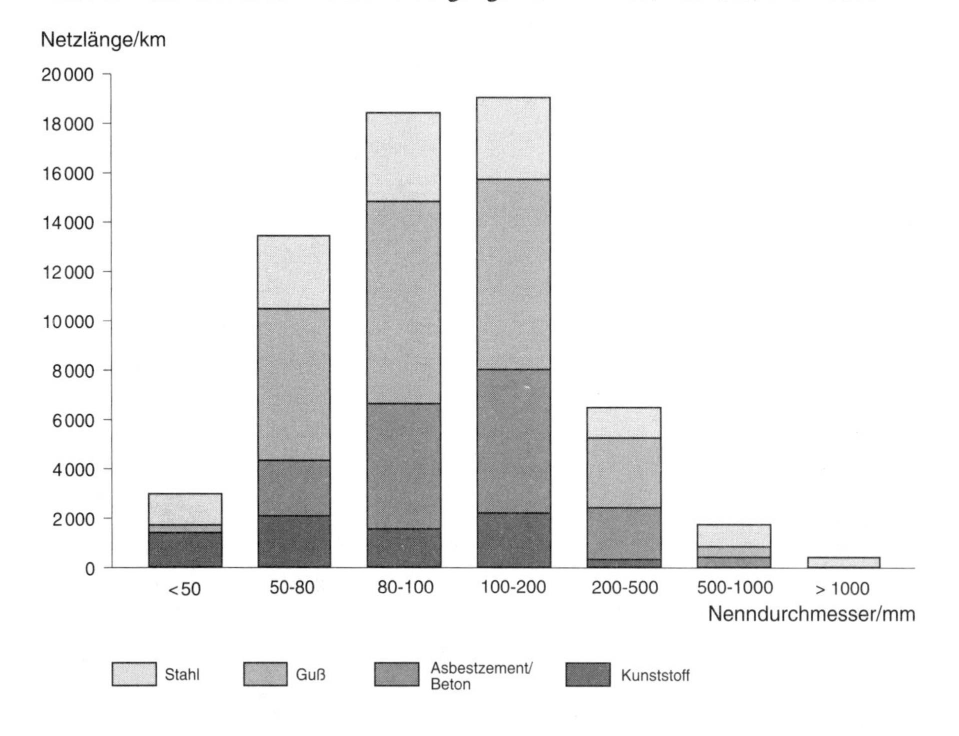

Die Gasversorgung von 3,5 Millionen Abnehmern erfolgt über drei separate Systeme mit Importerdgas, einheimischem Erdgas und Stadtgas (keine Einspeisung in das Ferngasnetz) mit 9 330 km Hochdruck-, 1 330 km Mitteldruck- und 23 850 km Niederdruck- und 8 550 km Hausanschlußleitungen (43 060 km).

Tab. 3: Anlagen der regionalen und örtlichen Gasverteilungssysteme /13/

	Stadtgas	Erdgas	Summe
Leitungslänge (km)			
- Hochdruck	7 530	1 800	9 330
- Mitteldruck	1 260	70	1 330
- Niederdruck	21 300	2 550	23 850
- Hausanschlüsse	7 870	680	8 550
Leitungslänge überregional	Erdgas A	1 468 km	
	Erdgas C	1 349 km	
	Stadtgas	5 106 km	

Abb. 2: Materialstruktur der Wasserversorgungsnetze der BRD (1987) und DDR (1988) im Vergleich - in Prozentwerten /5/8/10/

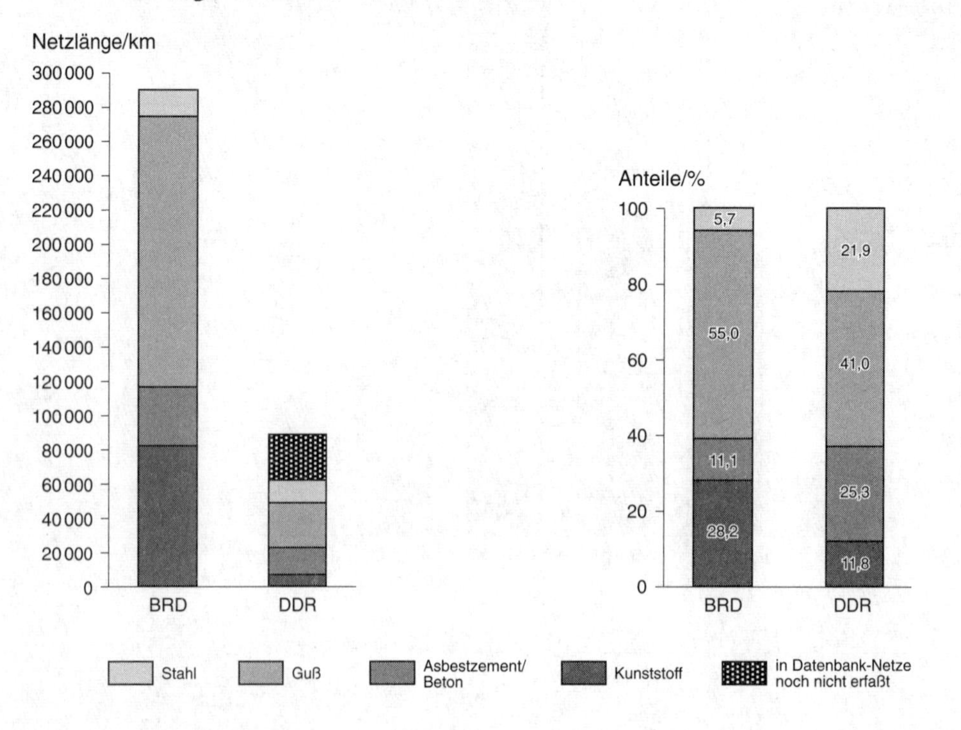

Abb. 3: Schadenshäufigkeit im Wasserversorgungsnetz der DDR in bezug auf Alter und Struktur der Leitungen /5/ nach /8/, Stand 9/88

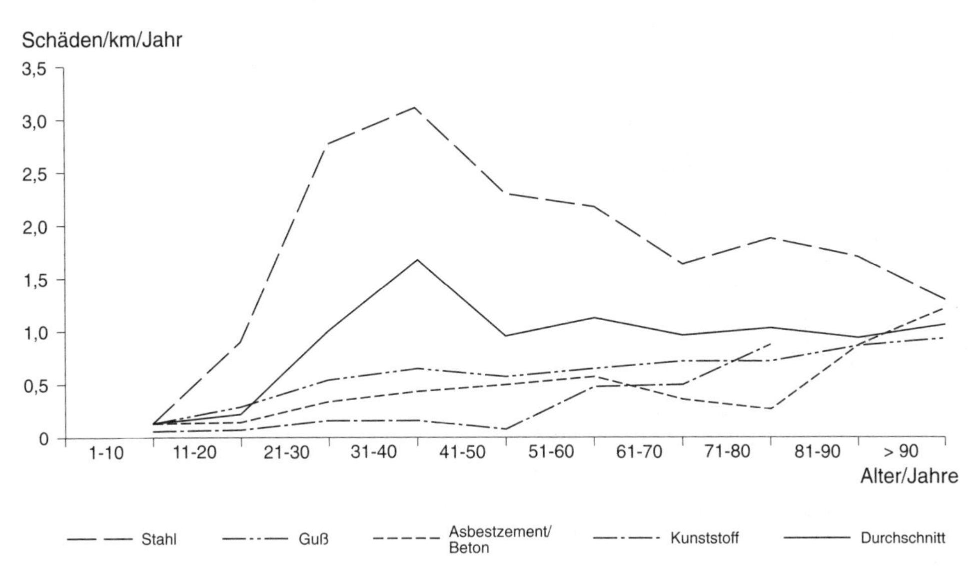

Hoch- und Mitteldruckleitungen sind nahezu ausschließlich aus Stahl. Im Niederdruckbereich sind noch ca. 6 000 km Gußrohrleitungen mit einem hohen Alter in Betrieb.

Plastrohrleitungen haben sich nicht durchgesetzt, da PE-Rohrmaterial nicht verfügbar war und von der PVC-Rohrverlegung wieder Abstand genommen wurde. Lediglich ca. 350 km Plastrohrleitungen sind in Betrieb. Da nur geringe Rekonstruktions-(Auswechslungs)quoten erreicht wurden, ergibt sich ein hoher Sanierungsbedarf einschließlich PE-Rohrverlegung.

Abb. 4 zeigt Nennweiten, Werkstoffe und Alter der ND-Gasversorgungsleitungen. Durch prophylaktische Maßnahmen der Gasversorgungsunternehmen (Abspürmaßnahmen, Odorierung usw.) war eine rückläufige Tendenz der echten Störungen im Gasnetz zu verzeichnen. /13/ Mit 0,5/km wurde ein gutes Niveau der Betriebssicherheit der Anlagen erreicht (s. Abb. 5).

In der ehemaligen DDR wurden ca. 1,7 Mio. Wohnungen mit Fernwärme versorgt (Abb. 6). Abb. 7 zeigt die Bestandsentwicklung kanalverlegter Wärmenetze /14/, wovon ca. 70 % kanalverlegt, ca. 20 % freiverlegt, ca. 8 % in Gebäuden und ca. 2 % kanallos erdverlegt wurden. Aufgrund der Altersstruktur (s. Abb. 7) und der relativ geringen normativen Nutzungsdauer der rohrtechnischen Ausrüstung von Fernwärmekanälen (25 bis 30 Jahren) ist mit einem entsprechenden Anstieg des Rekonstruktionsbedarfes in den nächsten Jahren zu rechnen. Die ehemalige Bauakademie der DDR befaßte sich daher seit einigen Jahren mit diesem Problem. /14/15/

Abb. 4: Bestand, Nennweiten, Werkstoffe und Alter der ND-Gasversorgungsleitungen /13/

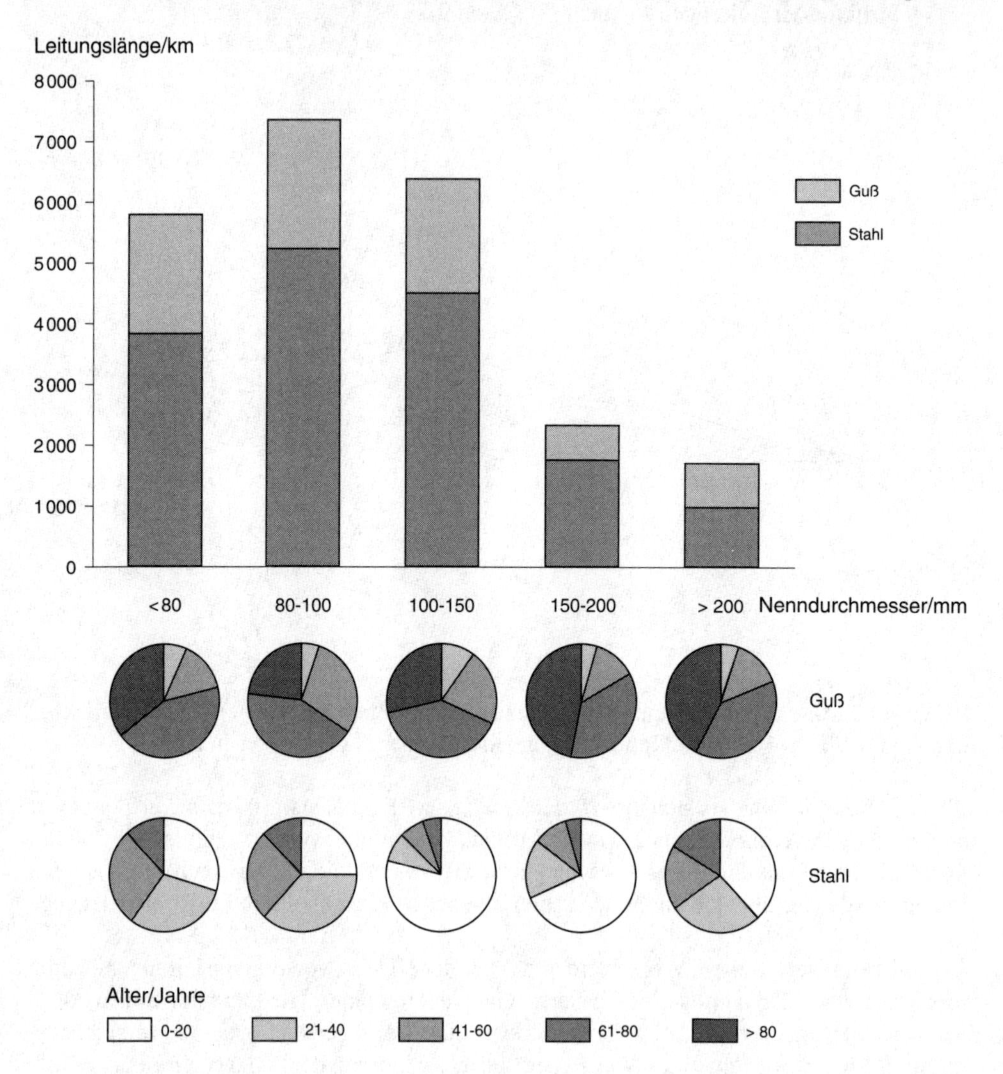

Abb. 5: Entwicklung der Abspürleistung an ND-Gasleitungen und der spezifischen Störungen

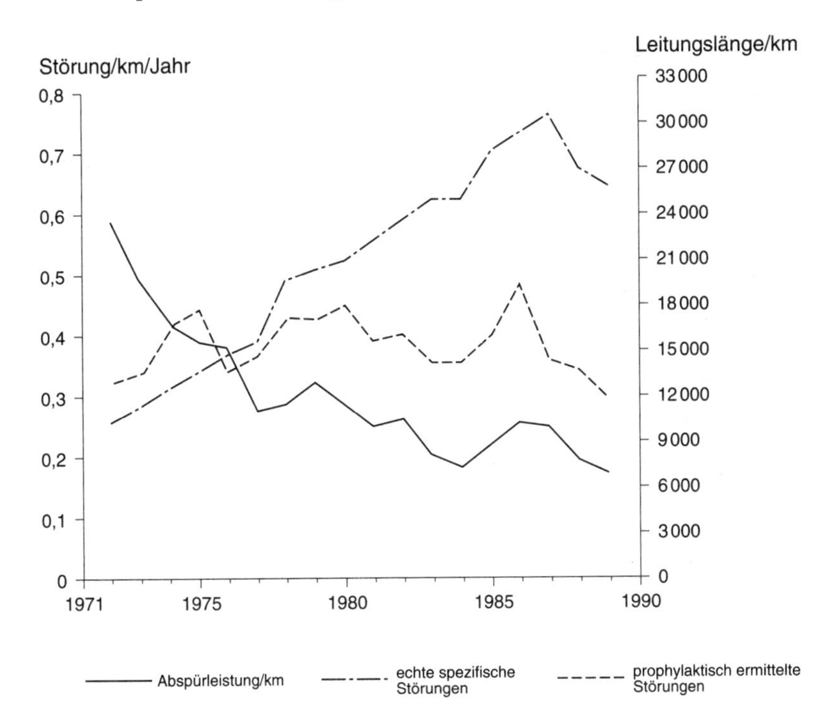

Die unzureichende Anzahl Abwasserbehandlungsanlagen und ihr geringer Wirkungsgrad trugen maßgeblich zur Verschlechterung des Gütezustandes der Fließgewässer bei.

Den Anschlußgrad der Wohnbevölkerung an Sammelkanalisation und Kläranlagen zeigt Tab. 4. /12/

Dabei ist jedoch insbesondere der Grad der mechanischen bzw. mechanisch biologischen Abwasserbehandlung zu berücksichtigen, der das statistische Ergebnis noch wesentlich verschlechtert (s. Tab. 5).

In Verbindung mit der Abwasserbehandlung und der Überdüngung landwirtschaftlicher Nutzflächen ist die Wasserqualität von Flüssen und Seen sowie die Nitratbelastung des Trinkwassers zu sehen /7/ (s. dazu Tab. 6, 7 und 8).

Abb. 6: Struktur der Wohnraumbeheizung in den alten und neuen Bundesländern /15/

Struktur der Wohnraumbeheizung in den alten Bundesländern
(24,9 Mio. Wohnungsbestand 1989)

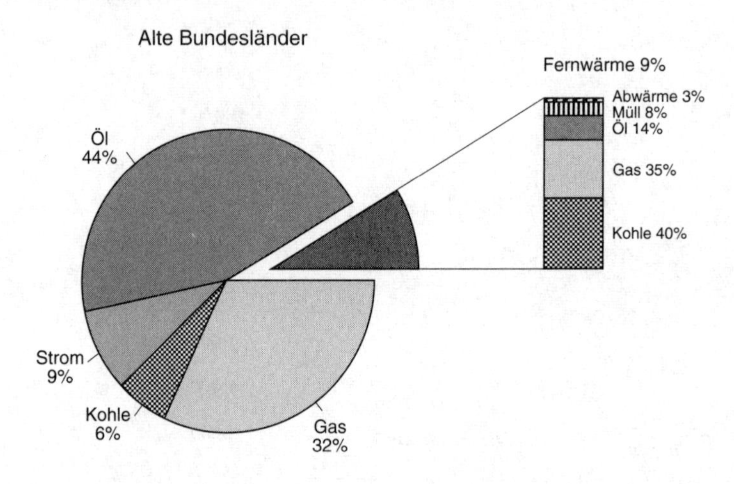

Struktur der Wohnraumbeheizung in den neuen Bundesländern
(7,1 Mio. Wohnungsbestand 1988)

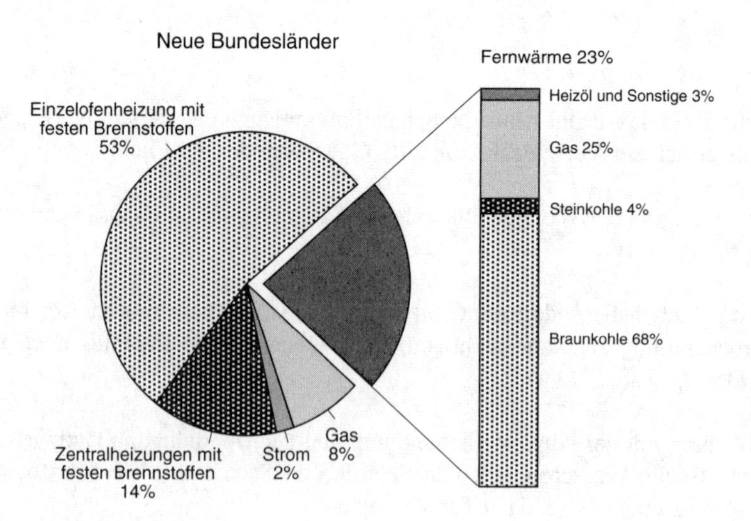

Quelle: Umweltmagazin 4/92

Abb. 7: Bestandsentwicklung kanalverlegter Wärmenetze /14/

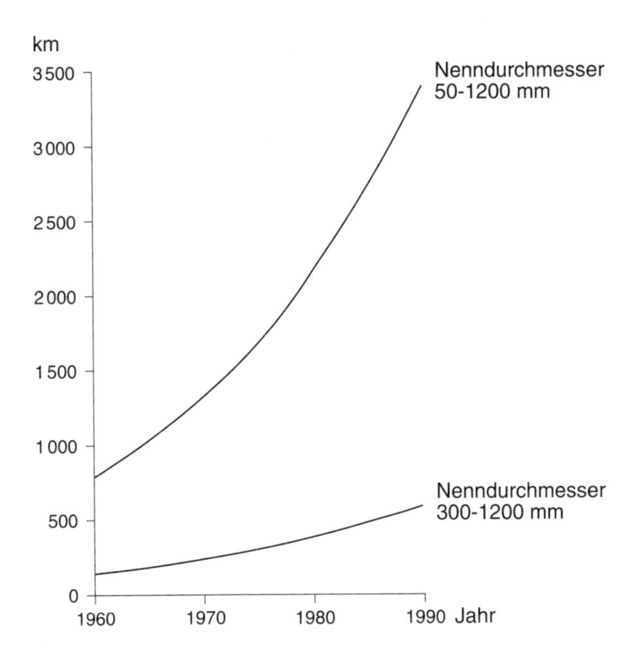

Tab. 4: Anschlußgrad der Wohnbevölkerung an Sammelkanalisation und Kläranlagen /12/

Land	Anschluß der Wohnbevölkerung an	
	Sammelkanalisation (v. H.)	Kläranlagen (v. H.)
Schleswig-Holstein	85,9	84,3
Hamburg	95,2	94,9
Niedersachsen	85,9	84,9
Bremen	99,9	99,9
Nordrhein-Westfalen	92,4	91,9
Hessen	98,5	91,6
Rheinland-Pfalz	94,2	85,8
Baden-Württemberg	98,0	96,5
Bayern	88,0	84,6
Saarland	98,5	66,3
Berlin	97,5	97,5
Mecklenburg-Vorpommern	66,0	60,0
Brandenburg	55,0	54,0
Sachsen-Anhalt	74,0	56,0
Sachsen	76,0	57,0
Thüringen	82,0	47,0
alte Länder	92,5	89,7
neue Länder	73,0	58,0

*) alte Länder: Stand 1987; neue Länder: Stand 1989.
Quelle: Statistisches Bundesamt, Institut für Wasserwirtschaft und eigene Berechnungen.

Tab. 5: Öffentliche Abwasserbeseitigung /12/

Land	Behandelte Abwassermenge/Klärkapazität[1])[2])		
	nur mechanisch (v. H.)[3])	mechanisch-biologisch (v. H.[3])	mechanisch-biologisch und weitergehende Behandlung (v. H.)[3])
Schleswig-Holstein	0,1	62,8	37,1
Hamburg	0,0	99,9	0,1
Niedersachsen	0,1	74,4	20,2
Bremen	0,0	100,0	0,0
Nordrhein-Westfalen	3,3	63,1	30,9
Hessen	0,7	52,8	46,5
Rheinland-Pfalz	4,9	75,5	19,6
Baden-Württemberg	0,0	65,2	33,9
Bayern	5,3	76,5	18,2
Saarland	10,3	87,1	2,6
Berlin	0,0	10,2	89,8
Mecklenburg-Vorpommern	10,0	89,0	1,0
Brandenburg	17,0	83,0	0,0
Sachsen-Anhalt	62,0	38,0	0,0
Sachsen	51,0	49,0	0,0
Thüringen	40,0	60,0	0,0
alte Länder	2,6	67,8	28,2
neue Länder	31,0	52,0	17,0

1) neue Länder: Stand 1989; alte Länder: Stand 1987.
2) neue Länder: Behandlungskapazität, alte Länder: behandelte Abwassermenge.
3) Die Anteile ergänzen sich nicht immer zu 100, weil weitere Behandlungsarten nicht genannt sind.
Quelle: Statistisches Bundesamt, Institut für Wasserwirtschaft und eigene Berechnungen.

Tab. 6: Wasserbeschaffenheit der Fließgewässer /7/

Jahr Bezirk	Untersuchte Gewässerstrecke	Sauerstoffhaushalt und organische Belastung			Salzbelastung			Sonstige gebietsspezifische Inhaltsstoffe		
		Anteil der Beschaffenheitsklassen[1])								
		1 und 2	3	4 bis 6	1 und 2	3	4 bis 6	1 und 2	3	4 bis 6
	km	Prozent								
1985	10 714	38,9	36,6	24,5	69,6	23,7	6,7	20,1	34,8	45,1
1986	10 714	41,6	35,5	22,9	70,8	22,6	6,6	20,3	36,0	43,7
1987	10 715	43,2	38,2	18,6	70,9	23,3	5,8	20,1	38,6	41,3
1988	10 715	42,5	38,1	19,4	69,9	24,5	5,6	14,3	39,0	46,7
1989	10 600	40,5	36,6	22,9	69,7	22,8	7,5	23,1	35,7	41,2

1) Beschaffenheitsklassen: 1 = für jeden Verwendungszweck, besonders für Trinkwasser geeignet. 2 = als Trinkwasser nach umfangreicher Aufbereitung, für Sport- und Erholungszwecke, für die Viehwirtschaft sowie als Produktions- und Kühlwasser gut geeignet. 3 = vorwiegend als Kühl- und Bewässerungswasser geeignet; eine Trinkwassernutzung ist nur nach komplizierter Aufbereitung möglich. 4 = als Kühl- und Bewässerungswasser noch bedingt brauchbar. 5 = für die meisten Nutzungen nicht mehr oder nur nach komplizierter Aufbereitung brauchbar. 6 = für alle Nutzungen - außer Schiffahrt - unbrauchbar.

Tab. 7: Wasserbeschaffenheit der Binnengewässer /7/

Jahr Bezirk	Untersuchte stehende Binnengewässer		Anteil der Beschaffenheitsklassen[1])				
			1	2	3	4	5
	Anzahl	Hektar	Prozent				
1985	510	80 382	0,9	52,3	37,9	8,9	0
1986	520	82 638	1,0	51,8	37,6	9,6	0
1987	529	87 322	0,9	44,0	46,8	8,3	0
1988	569	91 897	1,0	45,2	45,8	8,0	0
1989	744	107 233	0,9	40,9	48,9	9,2	0,1

1) Beschaffenheitsklassen: 1 = Trinkwasserseen unter strengem Schutz. 2 = bei Trinkwassernutzungen strenger Schutz gegen Nährstoffeintrag; sehr gute Erholungsgewässer. 3 = zeitweilige Algenmassenentwicklungen komplizieren eine Trinkwassernutzung und beeinträchtigen die Erholung. 4 = ständige Algenmassenentwicklung; für Erholungszwecke und Fischerei bedingt brauchbar. 5 = unbrauchbar für die Erholung; Fischerei durch schwankende Sauerstoffwerte gefährdet.

Quelle: Wasserwirtschaftsdirektionen

Tab. 8: Nitratbelastung des Trinkwassers 1989 - zentrale Wasserversorgungsanlagen /7/

Bezirk	Nitratbelastung — Milligramm je Liter					
	bis 40		über 40 bis 80		über 80	
	Prozent der Anlagen	Einwohner, deren Haushalte angeschlossen sind	Prozent der Anlagen	Einwohner, deren Haushalte angeschlossen sind	Prozent der Anlagen	Einwohner, deren Haushalte angeschlossen sind
Berlin (Ost)	100	1 280 000	–	–	–	–
Cottbus	97,6	839 150	2,4	1 200	–	–
Dresden	63,4	1 446 540	26,7	103 350	9,9	51 160
Erfurt	70,7	765 230	23,7	130 150	5,6	14 970
Frankfurt	89,4	629 860	7,4	24 250	3,2	1 360
Gera	66,8	475 800	26,9	236 500	6,3	23 840
Halle	69,9	1 571 870	20,7	85 900	9,4	26 420
Chemnitz	58,8	1 443 170	37,9	334 450	3,3	9 120
Leipzig	56,3	1 185 000	31,2	106 000	12,5	39 000
Magdeburg	89,0	1 175 000	6,0	55 120	5,0	5 860
Neubrandenburg .	98,0	611 850	1,7	2 930	0,3	80
Potsdam	96,8	957 800	2,3	1 300	0,9	900
Rostock	96,5	904 710	2,2	2 650	1,3	960
Schwerin	93,5	555 250	2,8	3 880	3,7	2 420
Suhl	98,7	545 650	1,3	3 300	–	–

Quelle: Ministerium für Gesundheitswesen

Die Verwendung von festen Brennstoffen für die Wärmeversorgung hatte entsprechende Folgen für die Luftbelastung, nicht nur in Ballungsgebieten, sondern auch in zahlreichen Städten. Beim Vergleich des Primärenergieverbrauchs der alten und neuen Bundesländer zeigt sich dieser Unterschied besonders deutlich. /12/15/ (siehe Tab. 9)

Zusammenfassend kann festgestellt werden, daß sowohl bei Anlagen als auch bei Versorgungsnetzen ein gewaltiger Erneuerungs- als auch Herstellungsbedarf besteht.

Tab. 9: Primärenergieverbrauch nach Energieträgern /12/

Energieträger	alte Länder				neue Länder			
	1980		1990		1980		1990	
	Mio. t SKE	(v. H.)	Mio. t SKE	(v. H.)	Mio. t SKE	(v. H.)	Mio. t. SKE	(v. H.)
Steinkohle	77,1	(19,8)	73,5	(18,8)	8,1	(6,7)	3,3	(3,1)
Braunkohle	39,1	(10,0)	32,0	(8,2)	76,5	(62,8)	72,0	(68,6)
Mineralöl	185,7	(47,6)	160,5	(40,9)	21,0	(17,3)	17,9	(17,1)
Naturgase	64,4	(16,6)	69,4	(17,7)	10,4	(8,5)	9,0	(8,6)
Kernenergie	14,3	(3,6)	47,5	(12,2)	5,0	(4,1)	2,2	(2,1)
Wasserkraft	7,6	(1,9)	4,8	(1,2)	0,7	(0,6)	0,3	(0,3)
sonstige Energieträger	1,9	(0,5)	3,8	(1,0)	–	–	0,2	(0,2)
insgesamt	390,2	(100,0)	391,5	(100,0)	121,7	(100,0)	105,0	(100,0)

SKE = Steinkohleeinheit

Quelle: Arbeitsgemeinschaft Energiebilanzen (Hrsg.): Energiebilanzen der Bundesrepublik Deutschland 1990. Essen 1990. Mitteilungen des Deutschen Instituts für Wirtschaftsforschung, Berlin. Eigene Recherchen.

2. Infrastrukturelle Ausstattung von Groß-, Mittel- und Kleinstädten der neuen Bundesländer - Forschungsergebnisse ausgewählter Städte

Untersuchungen der infrastrukturellen Ausstattung von Groß-, Mittel- und Kleinstädten der neuen Bundesländer wurden unter Leitung des Verfassers von 1985 bis 1990 an der Hochschule für Architektur und Bauwesen Weimar durchgeführt. /1/2/3/4/

Für die untersuchten Großstädte Erfurt, Halle, Leipzig, Magdeburg, Jena ergibt sich folgende zusammenfassende Einschätzung:

In den Jahren 1984 bis 1989 wurden in den Städten Halle, Magdeburg, Erfurt und Jena Untersuchungen zum Stand der stadttechnischen Versorgung durchgeführt und planerische Schlußfolgerungen für den notwendigen Ausbau der stadttechnischen Versorgung gezogen. 1989 erfolgte eine vergleichende Untersuchung unter Einbeziehung des Generalplanes Stadttechnik der Stadt Leipzig von 1984 des Tiefbauamtes Leipzig.

Trotz der unterschiedlichen Qualität der Aussagen bzw. des Bearbeitungszeitpunktes lassen sich allgemeingültige Schlußfolgerungen aus den Arbeitsergebnissen ziehen. Erfaßt wurden sowohl städtebauliche Grunddaten (Einwohner, Stadtgebietsfläche, Arbeitsplätze usw.) als auch stadttechnische Grunddaten (Anschlußgrad an Versorgungsnetze, Ausstattungsgrad der Wohnsubstanz usw.) als Ausgangspunkt für die vergleichende Analyse. Nachfolgend werden die Trinkwasserversorgung, Abwasserableitung und -behandlung, Elektroenergieversorgung, Gasversorgung, zentrale Wärmeversorgung und das Fernmeldewesen dargestellt.

Für die einzelnen Bereiche der stadttechnischen Versorgung kann folgendes zusammengefaßt werden.

Trinkwasserversorgung

Der maximale Trinkwasserbedarf kann z. Z. nicht voll abgedeckt werden. Ursachen hierfür liegen sowohl in der fehlenden Trinkwasserkapazität bzw. in der mangelnden Trinkwasserqualität (Leipzig) als auch in dem zu hohen Trinkwasserverbrauch (veraltete trinkwasseraufwendige Produktionstechnologien). Der steigende Trinkwasserbedarf kann aufgrund der mangelnden Qualität der örtlichen Trinkwasservorkommen nur durch Fernwasser abgedeckt werden. Die Speicherkapazität ist zu erhöhen. Die vorhandenen Netze und Anlagen sind zu rekonstruieren und auszubauen. Die Hauptversorgungsleitungen befinden sich in einem guten Zustand. (Anmerkung: 1990/91 Rückgang des Trinkwasserverbrauches).

Abwasserableitung und -behandlung

Der Anschlußgrad an die öffentlichen Abwasserbehandlungsanlagen bzw. das öffentliche Abwassernetz ist zum Teil ungenügend (Halle, Jena). Der Zustand der vorhandenen alten Abwasserbehandlungsanlagen ist in bezug auf Klärkapazität und Reinigungseffekt unzureichend. Die Entlastungsbauwerke des Abwassernetzes befinden sich in einem schlechten Zustand. Dadurch kommt es zu einer unzulässig hohen Belastung der Vorfluter.

Fernwärmeversorgung

Die Anschluß- bzw. Ausstattungsgrade an die Fernwärmeversorgung bzw. mit modernen Heizungssystemen sind zu gering und müssen erhöht werden (besonders in Leipzig). Dabei sind alle ökonomisch vertretbaren Möglichkeiten (Lagegunst zu Gastrassen, Nutzung regenerativer Energiequellen) auszunutzen und anzuwenden. Die vorhandenen Anlagen und Netze sind zu erweitern und zu rekonstruieren, um die zu erwartenden Bedarfssteigerungen abdecken zu können. Die Versorgungssicherheit ist durch die große Anzahl von 2-Leitersystemen zu gering.

Elektroenergieversorgung

Im Bereich der Elektroenergieversorgung ist der Versorgungsgrad durch die Rekonstruktion des Niederspannungsnetzes zu erhöhen. Die vorhandenen Netze und Anlagen sind zu modernisieren und bei entsprechendem Leistungsbedarf zu erweitern.

Gasversorgung

Die Druckmangelgebiete im Niederdruckbereich sind durch Vergrößerung der Nennweiten bzw. Erhöhung des Betriebsdruckes und der kontinuierlichen Auswechslung der Gasleitungen (vorrangig kleiner DN 150) abzubauen.

Fernmeldeversorgung

Auf dem Gebiet der Fernmeldeversorgung besteht insgesamt ein hoher Nachholbedarf. Der Versorgungsgrad ist deshalb völlig ungenügend. Die steigenden Anforderungen an den Nachrichtenverkehr lassen sich in Zukunft nur durch die Anwendung hochentwickelter Technologien bewältigen. Dabei sind die vorhandenen Netze und Anlagen zu nutzen und zu erweitern.

Als "Schwerpunktstadt" hat sich im Laufe der Bearbeitung Leipzig herauskristallisiert. Hier gibt es in fast allen Versorgungsbereichen Probleme, besonders im bevölkerungswirksamwerdenden Sekundärnetz. Doch auch bei den überlagerten Netzen (Elektroenergie und Gas) wird der einfache Störfall teilweise nicht beherrscht.

Untersuchungen für Mittelstädte der ehemaligen Bezirke Halle und Erfurt ergaben folgende Wertung:

Die stadttechnische Versorgung von Mittelstädten weist in den industriellen Ballungsgebieten erhebliche Rückstände auf. Für die Stadterneuerung ist eine leistungsfähige stadttechnische Versorgung unabdingbare Voraussetzung.

In Zusammenarbeit mit dem Büro für Städtebau des Bezirkes Halle sowie den Versorgungsbetrieben wurden im Rahmen von Diplomarbeiten die Städte Wittenberg, Bitterfeld und Wolfen bzw. Merseburg, Weißenfels und Zeitz hinsichtlich des Standes der stadttechnischen Versorgung untersucht. Die Zielstellung dieser Untersuchungen bestand darin,

- eine Analyse und Bewertung des Standes der stadttechnischen Versorgung der o. g. Städte sowie von Ausstattungsgrad und Versorgungsgrad, Verbrauchs- und Versorgungsbilanzen, Alter und Zustand von Netzen und Anlagen vorzunehmen und
- Aussagen zur Entwicklung und zum Rekonstruktionsbedarf zu erhalten (in Zusammenarbeit mit den Versorgungsbetrieben unter Nutzung der Datenbank Wasserversorgung und der im Aufbau befindlichen Datenbank Abwassernetze sowie der in den Versorgungsbetrieben vorliegenden Entwicklungskonzeptionen).

Die Analyse der stadttechnischen Versorgungssysteme zeigt, daß ein großer Nachholbedarf besteht. Insbesondere betrifft das die Abwasserbehandlung sowie die Gas- und Elektroenergieversorgungsnetze der Niederdruck- bzw. Niederspannungsebene. Tab. 10 zeigt den Versuch einer zusammenfassenden Darstellung der Probleme.

Tab. 10: Situation und notwendige Maßnahmen der stadttechnischen Versorgung

		Merseburg	Weißenfels	Zeitz	Bitterfeld	Wittenberg	Wolfen
Wasserversorgung	Sit.	Anschluß FWV Grundwasser	Anschluß FWV Grundwasser	FWV geplant Grundwasser	Anschluß FWV Grundwasser	Uferfiltrat	Anschluß FWV
	notw. Maßn.	Behälterkapazität erweitern Rohrnetzsanierung erforderlich					
Abwasserableitung und -behandlung	Sit.	KA mech./biol.	KA mech.	KA mech.	KA	keine KA	KA mech.
	notw. Maßn.	Rekonstruktion der KA bzw. Neubau, z.T. biolog., z.T. mech. und biol.; Anschluß von Teilgebieten an das Abwassernetz; Rekonstruktion der vorhandenen Abwassernetze					
Gasversorgung	Sit.	Anschluß aller Städte an Ferngasversorgung; guter Ausbau der Hochdruckgasversorgung					
	notw. Maßn.	Rekonstruktion der Niederdrucknetze					
Elektroenergieversorgung	Sit.	110 kV-Einspeisung; 10 kV- bzw. 20 kV-Mittelspannungsversorgung					
	notw. Maßn.	große Teile des Niederspannungsnetzes sind zu erneuern					
Zentrale Wärmeversorgung	Sit.	Heizwerke und Anschluß an Leunawerk	Vielzahl kleiner Heizwerke in unterschiedlicher Rechtsträgerschaft				hoher Anteil Fernwärme Chemiekombinat Wolfen
	notw. Maßn.	überwiegend feste Brennstoffe in Einzelöfen neues Energiekonzept					

FWV = Fernwasserversorgung; KA = Kläranlage

Ausgewählte Kleinstädte der ehemaligen Bezirke Halle und Erfurt

Die Hauptprobleme der technischen Versorgung in den Kleinstädten liegen auf den Gebieten der Abwasserableitung und -behandlung und der Wärmeversorgung. Hier besteht der größte Nachholbedarf. Die bisherige schlechte Situation führte zu unvertretbar hoher Gewässerbelastung und Luftverschmutzung.

Während das Heizproblem (Herabsetzung der Luftbelastung) zumindest zum großen Teil durch Umstellung auf andere Energieträger (Gas, Öl) individuell lösbar ist, kann die Situation der Abwasserableitung und -behandlung nur auf kommunaler Ebene oder über die Bildung regionaler Abwasserzweckverbände verbessert werden. In der Wasserversorgung bietet sich eine Erhöhung der Versorgungssicherheit durch Einbindung in überregionale Netze an.

Abb. 8 zeigt eine zusammenfassende Wertung von Städten der ehemaligen Bezirke Erfurt und Halle.

Abb. 8: Bewertung der stadttechnischen Versorgung von Kleinstädten /4/

	Wasser-versorgung	Abwasser-ableitung	Elektro-energieversorgung	Struktur der Energieversorgung
Bad Berka				
Blankenhain				
Kranichfeld				
Tannroda				
Kölleda				
Sömmerda				
Treffurt				
Mihla				
Marksuhl				
Hohenthurm				
Landsberg				
Brehna				
Wettin				
Zustand der Versorgungssysteme gut mittel schlecht	1 2 / 3 4 1 - Wassergewinnung 2 - Wasserwerk 3 - Wasserspeicher 4 - Netz	1 / 2 1 - Abwasserreinigung 2 - Kanalnetz	1 / 2, 3 1 - Umspannwerk 2 - Ortsnetzstationen 3 - Netz	1 2 / 3 4 1 - feste Brennstoffe 2 - Gasversorgung 3 - Elektroenergie 4 - Fernwärme

3. Notwendigkeit und Umfang infrastruktureller Maßnahmen in Innenstadtbereichen - Untersuchungsergebnisse aus Erfurt

Seit 1980 erfolgten in verstärktem Umfang Untersuchungen zur Verbesserung der infrastrukturellen Ausstattung der Städte in Arbeitsgremien der Kammer der Technik. Unter Leitung des Verfassers wurden Untersuchungen in der Innenstadt von Erfurt durchgeführt.

Abb. 9: Ausstattung der Wohnungen mit Bad/Dusche 1985 in Erfurt /16/

In einer ersten Arbeitsstufe wurden untersucht:

- Wohnungsausstattung
- Entwicklung des Leistungsbedarfs
- Leistungsfähigkeit der vorhandenen Versorgungsnetze.

Die zweite Arbeitsstufe beinhaltete die Untersuchung ausgewählter Standorte hinsichtlich

- der primärseitigen Versorgung der betreffenden Gebiete und Rekonstruktionserfordernisse der Versorgungssysteme

Abb. 10: Ausstattung der Wohnungen mit Innen-WC 1985 in Erfurt /16/

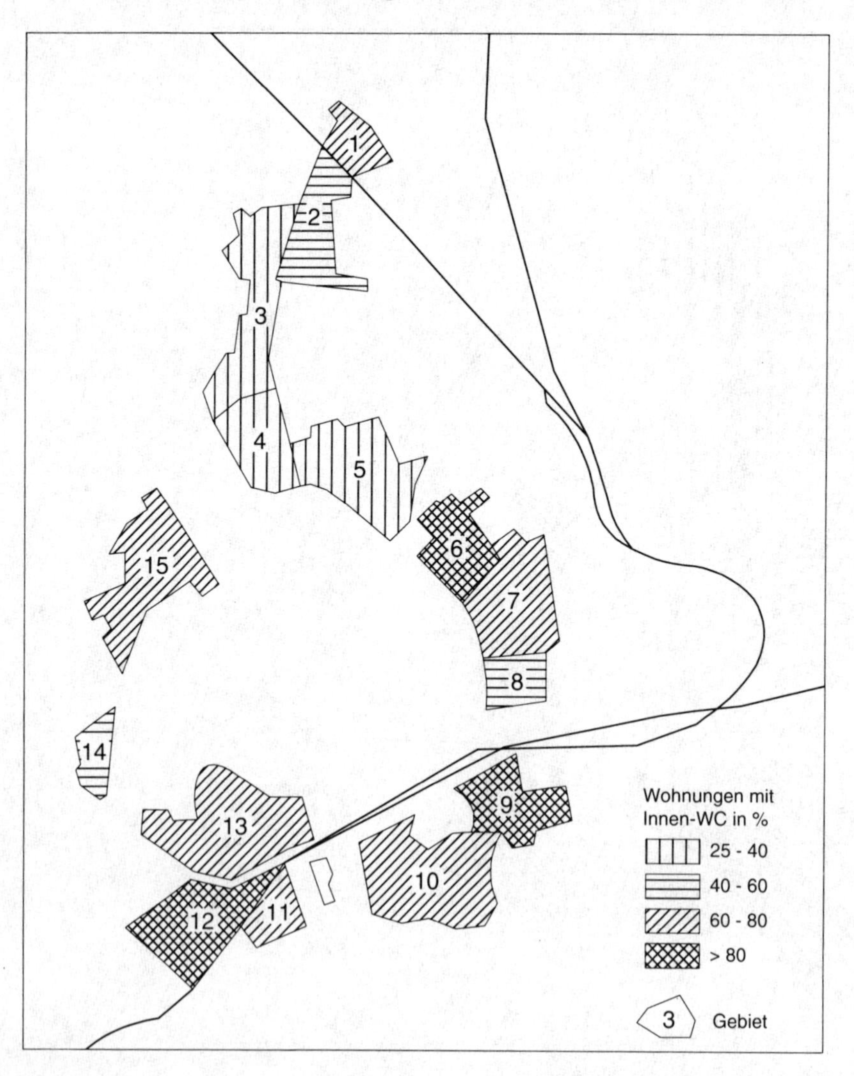

- des stadttechnischen Erschließungsaufwandes innerhalb der Modernisierungsgebiete.

In den Arbeitsschritten

- Analyse der Versorgungssysteme
  Alter und Zustand, Leistungsfähigkeit
- Bewertung des Zustandes des Straßennetzes
- Bedarfsermittlung
- Erschließungsleistungen

wurden Vorschläge für die Erneuerung und den Netzausbau unterbreitet.

Abb. 11: Vorzugsstandorte der Modernisierung 1985 in Erfurt /16/

Gebiet	Wasser-versorgung	Abwasser-ableitung	Elektroenergie-versorgung	Gas-versorgung
1	gute Voraussetzungen	ungünstige Voraussetzungen	Vorausleistungen erforderlich	
2	Vorausleistungen erforderlich	ungünstige Voraussetzungen	ungünstige Voraussetzungen	ungünstige Voraussetzungen
3	Vorausleistungen erforderlich	ungünstige Voraussetzungen	Vorausleistungen erforderlich	ungünstige Voraussetzungen
4	ungünstige Voraussetzungen	gute Voraussetzungen	Vorausleistungen erforderlich	ungünstige Voraussetzungen
5	ungünstige Voraussetzungen	gute Voraussetzungen	ungünstige Voraussetzungen	ungünstige Voraussetzungen
6	ungünstige Voraussetzungen	Vorausleistungen erforderlich	Vorausleistungen erforderlich	ungünstige Voraussetzungen
7	ungünstige Voraussetzungen	Vorausleistungen erforderlich	gute Voraussetzungen	ungünstige Voraussetzungen
8	ungünstige Voraussetzungen	Vorausleistungen erforderlich	gute Voraussetzungen	ungünstige Voraussetzungen
9 (Vorzugsstandort)	gute Voraussetzungen	gute Voraussetzungen	Vorausleistungen erforderlich	Vorausleistungen erforderlich
10 (Vorzugsstandort)	gute Voraussetzungen	gute Voraussetzungen	Vorausleistungen erforderlich	Vorausleistungen erforderlich
11 (Vorzugsstandort)	gute Voraussetzungen	gute Voraussetzungen	Vorausleistungen erforderlich	ungünstige Voraussetzungen
12 (Vorzugsstandort)	gute Voraussetzungen	ungünstige Voraussetzungen	Vorausleistungen erforderlich	ungünstige Voraussetzungen
13 (Vorzugsstandort)	gute Voraussetzungen	Vorausleistungen erforderlich	Vorausleistungen erforderlich	gute Voraussetzungen
14 (Vorzugsstandort)	gute Voraussetzungen	gute Voraussetzungen	Vorausleistungen erforderlich	Vorausleistungen erforderlich
15	gute Voraussetzungen	Vorausleistungen erforderlich	Vorausleistungen erforderlich	ungünstige Voraussetzungen

gute Voraussetzungen
Vorausleistungen erforderlich
ungünstige Voraussetzungen
Vorzugsstandorte

Die Abb. 9 und 10 zeigen die Ausstattung der Wohnungen mit IWC (1985) bzw. mit Bad/ IWC (1985) und verdeutlichen den immensen Nachholbedarf auf dem Gebiet der sanitärtechnischen Ausstattung der Wohnsubstanz.

Um eine schnelle Verbesserung der Wohnsubstanz zu erreichen, wurden zunächst Vorzugsstandorte aus der Sicht der stadttechnischen Erschließung ausgewählt. Die Ergebnisse dieser Bewertung zeigt Abb. 11. Die erforderlichen Maßnahmen der stadttechnischen Versorgung für die Modernisierung der Wohnbausubstanz eines Teilgebietes zeigt Abb. 12. Daraus ist

Abb. 12: Erforderliche Maßnahmen der stadttechnischen Versorgung für die Modernisierung der Wohnsubstanz eines Teilgebietes in Erfurt /16/

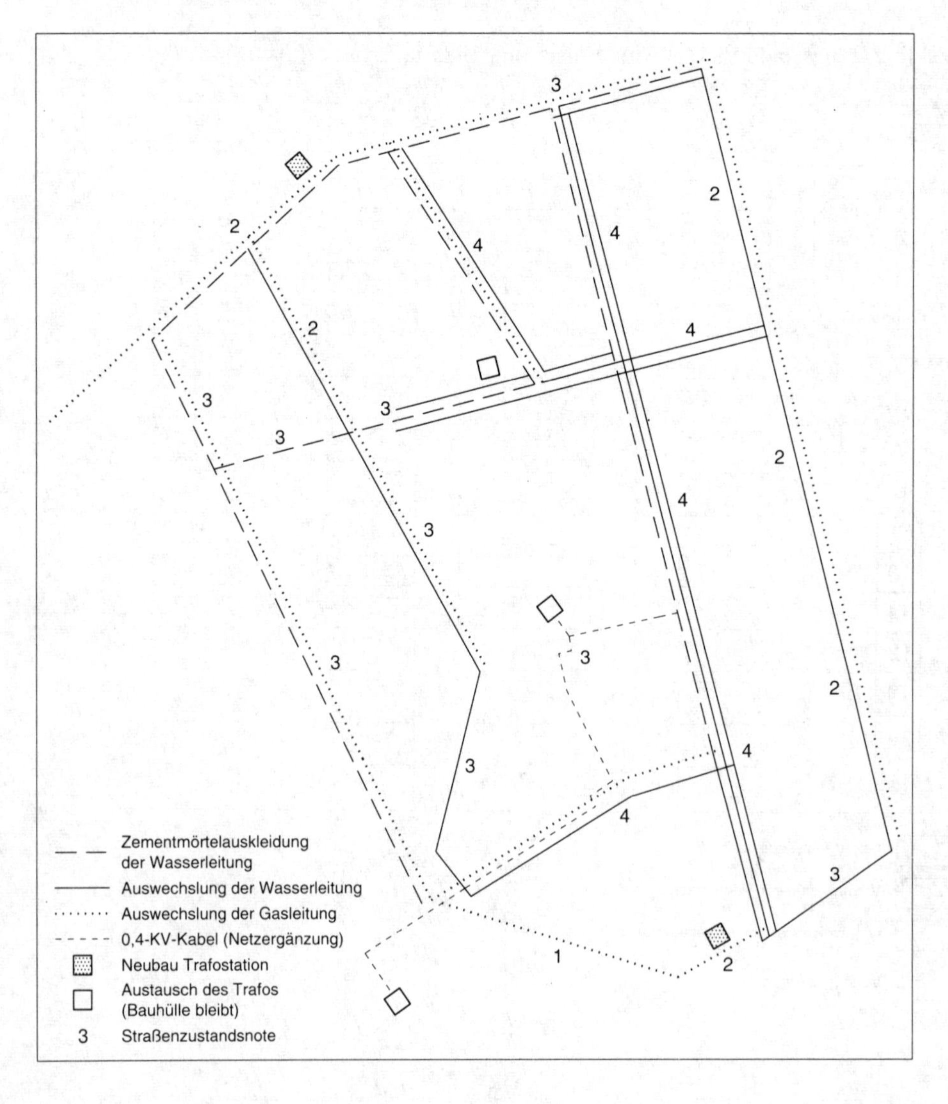

ersichtlich, daß in erheblichem Umfang Sanierungs- und Erweiterungsleistungen erforderlich sind, um eine bedarfsgerechte Versorgung zu gewährleisten. Die detaillierte Darstellung der Arbeitsergebnisse dieser 1986, 1987 und 1988 durchgeführten Untersuchungen kann in /16/ nachgelesen werden.

4. Schlußfolgerungen

Die durch hohen physischen und moralischen Verschleiß gekennzeichneten stadttechnischen Versorgungssysteme müssen saniert bzw. erneuert werden. Gleichzeitig sind stadttechnisch unvollkommen erschlossene Gebiete entsprechend den Erfordernissen für modernes Wohnen bzw. Produzieren auszustatten.

Erstrebenswert wäre aus der Sicht des Verfassers eine generelle Planung, weil durch Zielbestimmung, Prioritätensetzung und Koordinierung von Maßnahmen (Trassen, unterirdischer Bauraum, zeitlicher Ablauf) aufwandsenkende Effekte zu erwarten sind.

Literatur

/1/ Roscher, H.: Situation der stadttechnischen Versorgung von Groß-, Mittel- und Kleinstädten in den neuen Bundesländern - Ergebnisse von Forschungsarbeiten 1985 - 1990; Wissenschaftliche Zeitung, HAB Weimar, in Druck

/2/ Roscher, H., Nitzsch, Th., Peters, C.: Stand der stadttechnischen Versorgung der Großstädte Halle, Magdeburg, Leipzig, Erfurt und Jena; Wissenschaftliche Zeitung, HAB Weimar

/3/ Roscher, H., Heidenreich, R., Montag, A.: Stadttechnische Entwicklungsbedingungen von Mittelstädten des Bezirkes Halle; Wissenschaftliche Zeitung, HAB Weimar

/4/ Erbring, A., Schülke, B., Fetzer, D., Müller, M.: Stadttechnische Versorgung von Kleinstädten der Bezirke Erfurt und Halle; Wissenschaftliche Zeitung, HAB Weimar

/5/ Studie zur langfristigen Entwicklung des Tiefbaus im Zeitraum 1991 - 2000; Bauakademie der DDR, Institut für Ingenieur- und Tiefbau, Leipzig 1988

/6/ Roscher, H.: Current problems and required measures facing management of water distribution systems in the eastern part of Germany - IWSA-Konferenz Florenz 1991, Tagungsmaterialien, S. 5 - 17

/7/ Statistisches Jahrbuch der DDR, Staatsverlag der DDR, Berlin 1990

/8/ Datenbank Wasserversorgungsnetze DDR, 1988; Auswertung des Verfassers

/9/ Lamm, G.: Rekonstruktion von Wasserleitungsnetzen - Probleme, Tendenzen, Ergebnisse; Wasserwirtschaft - Wassertechnik 36 (1986), 4, S. 93 - 96

/10/ Stadtfeld - Die Entwicklung der öffentlichen Wasserversorgung 1970 - 1987; GWF Wasser - Abwasser 130 (1989), 1, S. 33 - 39

/11/ Witten, R., Wellnitz, J.: Zustand und Sanierungsbedarf der Abwasserkanäle in den neuen Bundesländern; Korrespondenz Abwasser (1991), 12, S. 1625 - 1630

/12/ Raumordnungsbericht 1991 der Bundesregierung; Bundesministerium für Raumordnung, Bauwesen und Städtebau

/13/ Altmann, W.: Das System der öffentlichen Gasversorgung in der DDR; GWF Gas - Erdgas 131 (1990), 12, S. 542 - 547

/14/ Winkler, M., Drewniok, P., Höhne, H.: Umfang und Möglichkeiten der Rekonstruktion von Wärmenetzen; Stadt- und Gebäudetechnik 43 (1989), 5, S. 135 - 138

/15/ N.N. Umweltmagazin (1992), 4, S. 126

/16/ Roscher, H.: Untersuchungen zur Entwicklung stadttechnisch aufwandsgünstiger Standorte für die Modernisierung der Wohnsubstanz in Erfurt; Bauzeitung 43 (1989), 10, S. 445 - 448

HORST ZIMMERMANN

Organisatorisch-finanzielle Aspekte der Erneuerung kommunaler Infrastruktur

Der vorangehende Beitrag konzentriert sich auf die leitungsgebundenen Teile der kommunalen Infrastruktur. Außerdem bezieht er sich überwiegend auf die Verhältnisse in den neuen Bundesländern und betont den technischen Zustand der Infrastruktur.

In der Arbeitsteilung zwischen den Beiträgen wird hier daher zunächst ein vergleichender Blick auf andere Regionen geworfen. Im Vordergrund stehen die alten Bundesländer, und, eher am Rande, werden die Verhältnisse in den USA erwähnt. Der zweite Teil konzentriert sich auf den organisatorisch-politischen Rahmen für die kommunale Infrastrukturpolitik, und den Schluß bilden einige Anmerkungen zur Finanzierung[1]).

A. Der Zustand der kommunalen Infrastruktur in den alten Bundesländern und den USA

Der Erhaltungszustand der kommunalen Infrastruktur in den alten Bundesländern und die Modalitäten und Grenzen der Finanzierung der Erhaltungsausgaben waren Gegenstand einer mehrjährigen, von der Deutschen Forschungsgemeinschaft finanzierten Studie, die in der Abteilung für Finanzwissenschaft der Universität Marburg bearbeitet wurde[2]). In dieser Studie wurden kommunale Straßen, Brücken, die Kanalisation und kommunale Nicht-Wohnbauten erfaßt. Die regionale Auswahl bezog sich auf die Gemeinden Hessens sowie auf das Ruhrgebiet und einige seiner angrenzenden Städte.

Aus dem umfangreichen veröffentlichten Material sei lediglich ein Beispiel genannt, das die Differenziertheit der Ergebnisse zeigen soll. Zu den Gemeindestraßen wurde neben zahlreichen technischen Merkmalen die Meinung der für den Straßenzustand Verantwortlichen ermittelt. Dazu wurde nach Art der Schulnoten eine Bewertungsmöglichkeit vorgegeben. Dabei zeigte sich, daß allgemein der Zustand in etwa als "befriedigend minus" charakterisiert wurde. Bedenklich war allerdings, daß in der Ortsgrößenkategorie zwischen 50.000 und 100.000 Einwohnern im Vergleich mit den kleineren Gemeinden die Einstellung überwog, daß der Erhaltungszustand der Straßen den heutigen Anforderungen nicht entspreche. Ähnlich differenzierte Ergebnisse auch zu den anderen Infrastrukurbereichen lassen sich den genannten Studien in großer Zahl entnehmen. Die Befunde zeigen also nicht eindeutig in nur eine Richtung, weder in die Richtung allerorts zu beobachtender Besorgnis noch in die einer verbreiteten Zufriedenheit. Aus den in vieler Hinsicht stark differenzierten Angaben läßt sich vielmehr die allgemeine These ableiten, daß - in Kenntnis der Verhältnisse in den neuen Bundesländern, so wie sie im vorangehenden Beitrag geschildert wurden - in den alten Bundesländern die Lage zwar sehr viel besser als in den neuen Bundesländern ist, aber nicht so, daß der Erhaltungsaufwand beliebig verschoben werden könnte.

Als hauptsächlicher Grund für die beobachtbaren Defizite erscheint die unzureichende Bereitstellung von Mitteln. Dies galt rückblickend insbesondere für die anfänglichen achtziger Jahre. Unter der damaligen kommunalen Finanzknappheit erschienen Erhaltungsausgaben (ebenso wie übrigens Investitionen) als aufschiebbare Posten. Neben dieser Einflußgröße sind aber auch einige weitere von Gewicht. Hierzu zählen die mangelnden Informationen; nur wenige Städte haben ausreichende Kataster für ihre Infrastruktur mit entsprechenden Angaben, wann welcher Erhaltungsaufwand fällig ist. Hinzu tritt das Grundproblem jeder Erhaltungsmaßnahme, nämlich die mangelnde politische "Sichtbarkeit". Selbst eine Erneuerungsinvestition ist in der Regel kein Anlaß, nach ihrer Fertigstellung etwas feierlich zu eröffnen. Schließlich ist unter den Gründen auch die Rolle von Bund und Land zu nennen. Es werden zwar erhebliche Investitionszuweisungen gegeben, aber in aller Regel keine Zuweisungen für Erhaltung, wenn man von gelegentlichen Erneuerungsinvestitionen absieht. Folglich werden die Investitionen über das Ausmaß hinaus verbilligt, das die Gemeinde aus eigenem Interesse heraus getätigt hätte (denn von einem hundertprozentigen Mitnahmeeffekt kann man wohl nicht ausgehen)[3]), und mit Erhaltung und Erneuerung werden die Gemeinden weitgehend allein gelassen.

Die Beiträge in diesem Band orientieren sich weitgehend am Unterschied der Infrastrukturausstattung in alten und neuen Bundesländern. Dies liefert insofern eine neue Perspektive, als in den weiter zurückliegenden Jahren Versuche einer vergleichenden Betrachtung von Infrastruktureinrichtungen in der Regel darauf abzielten, die Verhältnisse auf dem Gebiet der Bundesrepublik Deutschland (vor Herstellung der deutschen Einheit) mit der Situation in den USA zu vergleichen. Anlaß für Besorgnisse lange vor Herstellung der Einheit gaben dabei spektakuläre Fälle in den USA, wie beispielsweise der Zusammenbruch einer Hochstraße in New York, die mangels Geld längere Zeit keine Bestandspflege erhalten hatte und dann auch für einige Zeit nicht aufgebaut werden konnte. Eine 1990/91 erstellte vergleichende Studie ergab, daß die alten Bundesländer einen im Durchschnitt deutlichen Vorsprung vor den Verhältnissen in den USA aufwiesen[4]).

Dieser Vorsprung ist wahrscheinlich überwiegend dadurch zu erklären, daß es in den USA weder einen Länderfinanzausgleich noch einen kommunalen Finanzausgleich gibt. Daher können Gemeinden und Städte, wenn die wirtschaftliche Basis erodiert, fiskalisch ins Bodenlose fallen. Obwohl man für Deutschland sicherlich argumentieren kann, daß der Grad des Ausgleichs zumindest im kommunalen Finanzausgleich zu weit getrieben ist, so fällt der regionale Ausgleichsgrad in den USA sicherlich zu gering aus.

Ein Vergleich der Lage in den USA mit der in der gesamten Bundesrepublik 1992 dürfte aber zeigen, daß viele der ungünstigsten Fälle der USA von der Situation in großen Teilen der neuen Bundesländer übertroffen werden. Anschaulich wird dies im vorangehenden Beitrag dieses Bandes geschildert.

Zieht man ein Fazit aus diesem ersten Teil, so liegt in den neuen Bundesländern ein sehr schlechter Erhaltungszustand der kommunalen Infrastruktur vor, der mindestens so desolat ausfällt wie in den bekannten schwierigen Regionen der USA. In den alten Bundesländern ist die Lage sehr viel besser und kann demgegenüber als in etwa "befriedigend" charakterisiert werden. Dies bedeutet aber nicht, daß die Erhaltung i.e.S. in den alten Bundesländern vernachlässigt werden dürfte. So ist dringend in vielen Gemeinden ein besseres Monitoring aufzubauen[5]). Aber auf jeden Fall sind auf dem Gebiet der alten Bundesländer genügend Mittel im öffentlichen Sektor insgesamt vorhanden, die es erlauben, die Erhaltungsausgaben im notwendigen Maße bereitzustellen. Wichtig ist beispielsweise, daß der Zwang zur Rücklagenbildung in allen Gemeinden erhöht wird[6]). Des weiteren sind die Zuweisungsmechanismen innerhalb und außerhalb des kommunalen Finanzausgleichs darauf zu überprüfen, ob falsche Anreize in Richtung vieler Neuinvestitionen und weniger Erhaltungsausgaben gesetzt werden. Schließlich sind ähnlich wie im Bereich der Brückeninspektion Normen zu erstellen, nach denen eine Gemeinde von außen, also aus Sicht des Landes, der Opposition im Gemeindeparlament, der Presse usf., darauf geprüft werden kann, ob sie die notwendigen Erhaltungsmaßnahmen durchgeführt hat.

Im Hinblick auf den Finanzbedarf in den neuen Bundesländern ist zu fordern, daß in den alten Bundesländern auch in den Gemeinden Ausgaben eingespart werden. Hier hat man im Bereich der kommunalen Infrastruktur an aufwendige Modernisierungen zu denken, die aufgeschoben werden können. Vor allem aber müssen luxuriöse Ergänzungen sicherlich nicht zum jetzigen Zeitpunkt vorgenommen werden. So manche "Verkehrsberuhigung de luxe" ist keineswegs gegenwärtig dringend erforderlich. Statt der aufwendigen Umbaumaßnahmen genügt ein wirklicher "bump" amerikanischer Provenienz, wie er auch beispielsweise in Mexiko City zu beobachten ist, wo niemand mit mehr als 25 Stundenkilometern über eine solche Schwelle fährt, weil andernfalls die Hinterachse herauszufallen droht. Und wenn die Rechtsprechung hiergegen Einwände hat, so muß man die Rechtsnormen entsprechend anpassen. Aufs Ganze gesehen sollte man also in den alten Bundesländern zwar nicht an der notwendigen Erhaltung, wohl aber bei allen Erweiterungen, besonders solchen mit eher luxuriösem Anstrich, sparen.

B. Organisatorische Aspekte der Erhaltung der kommunalen Infrastruktur

Hier muß man eine deutliche Zäsur machen zwischen den organisatorischen Voraussetzungen vor und nach der Herstellung der deutschen Einheit. In der DDR war, bedingt durch die andere Wirtschaftsordnung, die Produktivität sehr viel geringer, und folglich standen für die verschiedenen volkswirtschaftlichen Verwendungen weniger Ressourcen zur Verfügung. Zu dieser allgemeinen Knappheit der Mittel trat eine Industriepolitik, die nur bestimmten Produktionszweigen und Standorten zugute kam, und dies zudem auf Kosten einer allgemeinen Förderung der kommunalen Infrastruktur. Außerdem gab es zugunsten der nichtindustriellen Regionen keinerlei ausgleichende Regionalpolitik, und diesen Regionen wurde auch keine regionale Finanzausstattung gewährt, so wie sie im westlichen Teil Deutschlands über Länder- und Kommunalfinanzausgleich bereitgestellt wurde. Schließlich muß man hinzufügen, daß überhaupt keine regionale Finanzautonomie untergeordneter Gebietskörperschaften bestand. Sie hätte immerhin zu politischen Initiativen führen können, um die regionale Finanzbasis zu sichern, und auf diese Weise hätte es zu einer eigenverantwortlichen Sorge für die kommunale Infrastruktur kommen können. So aber hatten die kommunalen Verwaltungen zwar oft eine Vermutung, gelegentlich auch Kenntnis des schlechten Erhaltungszustandes, ohne aber Nennenswertes dagegen tun zu können.

Die Determinanten für die Entstehung des schlechten Erhaltungszustands in den neuen Bundesländern sind also ganz andere als für die beobachteten Infrastrukturmängel in den alten Bundesländern. Um so erstaunlicher ist - und dies läßt sich wiederum in eine These kleiden -, daß trotz dieser unterschiedlichen Vergangenheit neben einer Reihe von systemtypischen negativen Einflußfaktoren auch solche Bestimmungsgründe des unzureichenden Erhaltungszustands zu registrieren sind, die sich nicht ihrer Art nach, sondern nur in ihrer Intensität von den im Westen anzutreffenden Faktoren unterscheiden[7]). Im übrigen ähneln schlechte Situationen in den neuen Bundesländern eben schlechten Situationen etwa in den USA, wo ebenfalls quer über alle Infrastrukturbereiche Defizite zu beobachten sind und wo diese Defizite mangels Finanzen entstanden sind trotz voller Kenntnis der Sachlage und der möglichen technischen Abhilfemöglichkeiten. Denn daß die Kenntnis der Defizite in den neuen Bundesländern im Prinzip vorlag, bestätigen zahlreiche Berichte, die unmittelbar nach der Wende nur unter Rückgriff auf vorhandene Daten entstehen konnten. Darüber hinaus wäre der Zugang zur erforderlichen Erhaltungstechnologie im deutsch-deutschen Austausch unmittelbar möglich gewesen.

Für die Gegenwart und Zukunft sind aber nunmehr die Rahmenbedingungen die gleichen. Seit 1990 gelten die gleichen gesetzlichen Vorgaben, beispielsweise für die Sicherheit der Brücken. Zugleich ist auch der organisatorische Zugang zu den neuen Technologien gesichert, so daß im Prinzip alte und neue Bundesländer gleichgestellt sein müßten.

Dies gilt aber wirklich nur im Prinzip, denn zumindest drei Arten von Hindernissen stehen einem zügigen Aufholen der Erhaltungsmaßnahmen im Wege. Im Vordergrund steht zweifellos die Verwaltungskapazität. Sie ist nicht erst für die Durchführung entsprechender Maßnahmen erforderlich, sondern schon zur entsprechenden Erfassung der Schäden und Priorisierung der Maßnahmen, zur kostengünstigen Auftragsvergabe, zur Kontrolle der Arbeiten der ausführenden Unternehmen usf. Diese Verwaltungskapazität schwankt von Gemeinde zu Gemeinde und wird sicherlich von einer - inzwischen wohl überall als dringlich empfundenen - Gebietsreform profitieren. Auch läßt sich die Verwaltungskapazität sicherlich durch das Heranziehen privater Unternehmen vergrößern. Dies betrifft auch Teile der Planung, nicht nur die Ausführung öffentlicher Aufträge im technischen Bereich. Hier ist vielleicht auf eine Empfehlung der Koalitionsvereinbarung vom Januar 1991 zu verweisen, die hier im Wege der Analogie herangezogen werden könnte. Dort war gefordert worden, bei der Altlastensanierung in den neuen Bundesländern in erheblichem Maße schon von Anfang an die Privatwirtschaft einzubeziehen[8]).

Das zweite Hemmnis liegt in der Baukapazität. Es wären völlig unrealistische Wachstumsraten der dortigen Baukapazität anzusetzen, wenn der gesamte Nachholbedarf im privaten und öffentlichen Sektor in den nächsten 10 bis 15 Jahren gedeckt werden sollte. In diesem Zusammenhang ist die These vertreten worden, daß zur Deckung des öffentlichen und privaten Baubedarfs in den neuen Bundesländern, wenn die Deckung des Bedarfs zügig erfolgen soll, die gesamte Baukapazität der angrenzenden alten Bundesländer herangezogen werden müßte, was natürlich undenkbar ist[9]).

Zu einem Teil löst sich das Problem der fehlenden Baukapazität aber auch durch das dritte hier anzusprechende Hemmnis, das die Anpassungszeit zweifellos verlängern wird: die Finanzierung.

C. Finanzielle Aspekte der Erhaltung und Modernisierung der Infrastruktur

Hier soll nur auf die neuen Bundesländer abgestellt werden, denn wie erwähnt ist in den alten Bundesländern aufs Ganze gesehen genügend an Finanzmitteln vorhanden.

Langfristig sollten in den neuen Bundesländern kommunale Erhaltungsmaßnahmen genauso finanziert werden wie in den alten Bundesländern. Dazu zählt insbesondere ein Ausbau der Finanzierung aus Gebühren und Beiträgen, die in Zeiten der DDR äußerst niedrig waren. Auch sollte früh auf das Modell derjenigen alten Bundesländer abgestellt werden, die ihre Gemeinden gesetzlich verpflichten, entsprechende Rücklagen zu bilden.

Mittelfristig, also bis der Stau der Erhaltungsmaßnahmen abgebaut ist und die Steuerbasis sich der der alten Bundesländer angenähert hat, sind aber andere Überlegungen anzustellen. Zum Volumen der notwendigen Finanzierung sei hier auf den folgenden Beitrag verwiesen. Hingegen sind einige Anmerkungen zu den in der mittleren Frist verfügbaren Arten von Einnahmen für diese Erhaltungsausgaben anzusprechen.

Die Privatfinanzierung dürfte, im Gegensatz zur privaten Mitwirkung bei Planung, Durchführung, Monitoring usf., im Bereich der Erhaltungsmaßnahmen wenig ergiebig sein. Dieser Finanzierungsweg eignet sich eher für überregionale Infrastrukturmaßnahmen bzw. für die Erstellung neuer kommunaler Infrastrukturobjekte und deren laufenden Unterhalt und wird hierfür auch in erheblichem Maße diskutiert.

Die gemeindlichen Gebühren und Beiträge müssen schon in der mittleren Frist spürbar angehoben werden. Sie sollten nennenswerte Einnahmen bringen, damit sich nicht auf Dauer die Vorstellung festsetzt, daß diese öffentlichen Leistungen unter dem Kostenpreis erhältlich sind.

Die Gemeindesteuern lagen von Anfang an nicht gleich tief unter dem Niveau der Gemeinden der alten Bundesländer (pro Kopf berechnet) wie die Landessteuern der neuen unter denen der alten Länder, und es ist zu erwarten, daß sie im Laufe der nächsten Jahre deutlich ansteigen. Daher können sie zur Finanzausstattung der Gemeinde und damit zur Finanzierung der Erhaltungsausgaben spürbar beitragen.

Schwieriger ist die Frage, wieweit Schuldaufnahme, etwa zur Finanzierung von Erneuerungsinvestitionen, angeraten werden soll. Ein oft noch geringer Schuldenstand legt dies nahe, zumal ohnehin zwischen Schuldaufnahme und Investition schon aus den Finanzierungsregeln heraus eine gewisse Affinität besteht. Dem steht aber der Aspekt der dauernden finanziellen Leistungsfähigkeit entgegen, ausgedrückt beispielsweise in einer errechenbaren "freien Spitze", die zur Schuldendienstabdeckung bereitstünde. Hier sind die Prognosen für

Gemeinden in den neuen Bundesländern sehr viel schwieriger als in den alten Bundesländern, und eine gewisse Vorsicht ist angeraten.

Betrachtet man diese mittelfristigen Finanzierungsvarianten, so wird deutlich, daß die Gemeindehaushalte in den neuen Bundesländern noch lange Zeit in erheblichem Maße von Zuweisungen leben werden, die ihrerseits durch Transfers aus den alten Bundesländern alimentiert werden. Dieser Transferstrom ist unerläßlich, wenn die Standortvoraussetzungen, aber auch die Lebensbedingungen in den neuen Bundesländern denen der alten angeglichen werden sollen. Unter Effizienzaspekten ist eine solche erhebliche Zuweisungsfinanzierung aber immer problematisch, denn sie verleitet zur Maximierung der Mittelanforderungen und zu einer weniger effizienten Mittelverwendung. Verwiesen sei hier etwa auf die Kritik in Sachsen an den erheblichen pauschalierten Investitionszuweisungen[10]). Eine andere Frage ist, wie lange diese enormen Transfers von den alten in die neuen Bundesländer realisierbar sind. Hierzu lassen sich im Augenblick keine begründeten Aussagen machen, und es sei daher nur auf die laufende Diskussion um die Neuorganisation des Länderfinanzausgleichs nach 1994 verwiesen[11]).

Abschließend ist in einer traditionsreichen Stadt wie Weimar als der "Stadt des deutschen Idealismus" zumindest der Versuch angezeigt, den genius loci zu Rate ziehen. Wie schon der Frau Vizepräsidentin ist auch mir kein Goethezitat gelungen. Doch wurde ich in der Sonderausstellung zu Johann Peter Eckermann (dem "getreuen") fündig. Er erhielt am 1. März 1832 die Bürgerrechtsurkunde für Weimar. Unter dem Vordruck für diese Urkunde findet sich, ebenfalls in Form des Vordrucks, die folgende Aufstellung:

12 thlr. - - Bürgerrechtsgebühren.
1 thlr. - - für die Obstbäumchen.
1 thlr. - - für die Bezirksvorsteher.
\- 16 gr. für den Staddtschreiber.
\- 8 gr. für den Cämmerey-Verwalter.
\- 6 gr. für die Rathsdiener, excl. eines douceurs.
\- 3 gr. für die Stadtordnung.
\- 2 gr. für den Stempel.

---

15 thlr. 11 gr.

In diesem Vordruck ist lediglich die Zahl für die Bürgerrechtsgebühren offengelassen. Für Eckermann waren von Hand zwölf Taler eingesetzt, und es ist zu vermuten, daß es sich hier um eine Art Leistungsfähigkeitsbesteuerung handelt, die je nach dem vermutlichen Vermögen oder Einkommen des Einzubürgernden höher oder niedriger ausfiel. Von Interesse ist hier die eigenartige Zeile "Ein Thaler für die Obstbäumchen". Historiker müßten genauer sagen können, worum es sich dabei gehandelt hat. Eine Vermutung ist jedenfalls für die Fragestellung dieses Bandes von Interesse, daß es sich nämlich um den Beitrag zu einer öffentlichen Anlage oder zu einer Allmende handelt. Dann hätte man hier eine Infrastrukturabgabe spezieller Art vor sich, die an die Einbürgerung anknüpft, im Bürgerbrief gleich vorgedruckt nach Betrag und Verwendung aufgeführt ist und die zum Nachdenken anregen kann (und in

Weimar muß), wie man dieses Instrument einer zweckgebundenen Abgabe vielleicht für die anstehenden Probleme einsetzen könnte! Dies sei jedoch nur als Hinweis darauf verstanden, wie interessant und weiterhin bearbeitungsbedürftig dieses Thema ist.

Anmerkungen

1) Die Ausführungen in diesem Beitrag basieren weitgehend auf einer für die Akademie für Raumforschung und Landesplanung mit Blick auf die Plenarsitzung in Weimar erstellten Studie: Zimmermann, H. u.a., Der Zustand der kommunalen Infrastruktur, in: "Beiträge" der Akademie für Raumforschung und Landesplanung, Bd. 122, Hannover 1993.

2) Debelius, R., unter Leitung von Zimmermann, H.: Der Erhaltungszustand der kommunalen Infrastruktur, Reihe "Schriften zur angewandten Umweltforschung", Bd. 1, Berlin (Analytica-Verlagsgesellschaft) 1992, im Druck; Debelius, R.: Die Ausgaben zur Erhaltung der kommunalen Infrastruktur, Reihe "Forum öffentliche Finanzen", Bd. 2, Berlin (Analytica-Verlagsgesellschaft) 1992.

3) Vgl. zum Mitnahmeeffekt im Rahmen der Zuweisungen: Zimmermann, H.: Der Mitnahmeeffekt - Inhalt und Meßkonzepte, dargestellt am Beispiel der Zuweisungen an Gemeinden, in: Räumliche Aspekte des kommunalen Finanzausgleichs, Forschungs- und Sitzungsberichte der Akademie für Raumforschung und Landesplanung, Band 159, 1985, S. 293 ff.

4) Zimmermann, H.: Urban Infrastructure in the USA and West Germany, Washington, D.C./ Marburg 1991, Manuskript.

5) Vgl. dazu Debelius, R., unter Leitung von Zimmermann, H.: Der Erhaltungszustand der kommunalen Infrastruktur, a.a.O., Kapitel B, IV.

6) Vgl. dazu Debelius, R.: Die Ausgaben zur Erhaltung der kommunalen Infrastruktur, a.a.O., S. 124-127 und die dort angegebene Literatur.

7) Vgl. Döring, T. und Müller, W.: Kommunale Infrastruktur in den neuen Bundesländern: Ursachen des unzureichenden Erhaltungszustandes im Ost-West-Vergleich und Anknüpfungspunkte zur Gegensteuerung, in: Raumforschung und Raumordnung, 61. Jg., 1993, S. 303-311.

8) Zimmermann, H., Hrsg.: Organisation und Finanzierung der Altlastensanierung in den neuen Bundesländern, Reihe "Schriften zur angewandten Umweltforschung", Bd. 2, Berlin (Analytica-Verlagsgesellschaft) 1992.

9) Zimmermann, H. u.a.: Der Zustand der kommunalen Infrastruktur, a.a.O., S. 114 f.; allgemein zum Bedarf an Baukapazitäten s. ifo-Institut für Wirtschaftsforschung, Baubedarf Ost - Perspektiven bis 2005, München 1992, S. 7.

10) Frankfurter Allgemeine Zeitung, 12.09.1992.

11) Vgl. Wissenschaftlicher Beirat beim Bundesfinanzministerium: Gutachten zum Länderfinanzausgleich in der Bundesrepublik Deutschland, Bonn 1993.

GUNTER KAPPERT

Regionale Infrastrukturaufgaben und deren Organisation

1. Regionalbedeutsame Infrastruktur

Aus der Fülle der Infrastrukturaufgaben sollen im folgenden die regionalbedeutsamen Aufgaben herausgegriffen werden, ohne daß in allen Einzelheiten auf diese eingegangen wird. Im Vordergrund sollen hier vielmehr Betrachtungen über eine sinnvolle Planung und Durchführung derartiger Aufgaben stehen, und zwar sowohl in administrativer als auch politischer Hinsicht.

Unter dem Begriff Region soll der Teilraum verstanden werden, in dem sich der wesentliche Teil der funktionalen Beziehungen zwischen Wohnplätzen, Arbeitsplätzen, öffentlichen und privaten Einrichtungen einschließlich von Freizeit abspielt. Regionalbedeutsame Strukturaufgaben sind dann solche, die in Analyse und Prognose notwendigerweise von regionalen Strukturdaten ausgehen und über die aufgrund regionaler Ziel- und Prioritätensetzung zu entscheiden ist.

Zu den regionalbedeutsamen Infrastrukturaufgaben dürften somit insbesondere zählen:

- Verkehr einschließlich öffentlicher Personennahverkehr
- Energie
- Abfall.

Die Vermutung für eine regionale Bedeutsamkeit ergibt sich besonders für folgende, oft überörtliche Infrastrukturaufgaben:

- Wasser und Abwasser
- Krankenhäuser und andere soziale Einrichtungen
- weiterführende Schulen
- Einrichtungen für Freizeit und Erholung

  sowie (wenn auch nicht immer zur Infrastruktur gezählt)
- Wohnungsbau.

Allerdings werden einzelne dieser Aufgaben konkurrierend wahrgenommen, da sich die betreffende Aufgabe nicht allein auf die Ebene der Region bezieht. Deutliches Beispiel hierfür ist der Verkehr, für den es sachlich begründete Zuständigkeiten sowohl auf Bundes- und Landesebene als auch bei den Gemeinden gibt. Dennoch ist sicher, daß die heute noch vorhandene, verhältnismäßig starke Zentralisierung dieses Bereichs zugunsten gerade der Region überprüft und gegebenenfalls geändert werden sollte. Die angestrebte Regionalisierung im Zusammenhang mit der Bahnreform ist ein Beispiel hierfür.

2. Regionale Planung

Die Planung der Infrastrukturaufgaben vollzieht sich meist auf der Ebene der räumlichen Regionalplanung (zweite Stufe der Landesplanung) und als regionale Fachplanung. Dabei ist die räumliche Regionalplanung in der Regel so ausgebildet, daß sie lediglich einen Rahmen als Grundlage für die Koordinierung der Fachplanungen enthält. Statt konkreter Standorte für bestimmte zentrale Einrichtungen gibt es beispielsweise nur Zielsetzungen für zentrale Orte, statt bestimmter Verkehrswege wie Straßen und Eisenbahnen werden nur Achsen festgelegt. Oft übernimmt die räumliche Regionalplanung bereits festliegende Fachplanungen in ihren Entwurf.

Trotzdem stellt die räumliche Regionalplanung unter Beachtung der heute gegebenen Möglichkeiten das sinnvolle Instrument für die Koordinierung der regionalbedeutsamen Infrastrukturplanung dar. Die Integration der einzelnen Fachplanungen zu einem Konzept im Sinne der regionalen Entwicklungsplanung ist allerdings dort, wo es versucht worden ist, aus politischen Gründen gescheitert und muß wohl vorläufig noch ein Traum bleiben.

3. Regionale Organisation und Finanzierung

Die klassische politische Gliederung der Gebietskörperschaften (Bund, Länder, gegebenenfalls Regierungsbezirke, Landkreise und Gemeinden) eröffnet von sich aus keinen Rahmen für die effektive Wahrnehmung der Regionalplanung und damit der Koordinierungsaufgabe für die regionale Infrastruktur. Die anstehende Gebietsreform in den neuen Bundesländern mag manches, wie die entsprechenden Reformen in den alten Bundesländern, verbessern. Gebietskörperschaftliche, regionale Lösungen sind nicht in Sicht, und die Einkreisung kleinerer und mittlerer kreisfreier Städte stellt nur sehr bedingt eine Lösung der aufgezeigten Problematik dar.

Allenfalls stehen die Regierungsbezirke, vorzugsweise bei vom Staat getragenen Infrastrukturaufgaben, für die erforderliche Koordinierung zur Verfügung. Soweit es hierbei um staatliche Zuschüsse zu kommunalen Vorhaben geht, ist das Instrument des "goldenen Zügels" wirksam. Der Abbau solcher Zweckzuweisungen zugunsten allgemeiner Finanzzuweisungen an Kommunen dürfte auch ein Ziel zur Stärkung der Regionen sein, weil somit eine auf die örtlichen und regionalen Bedürfnissse besser ausgerichtete Prioritätensetzung auf der Grundlage horizintaler Koordinierung (statt vertikaler "Seilschaften") ermöglicht wird.

Als Schritt in die richtige Richtung ist die Bildung von Regionalverbänden, also ein Zusammenschluß von Landkreisen, kreisfreien Städten und Gemeinden, zu sehen. Vorbild hierfür sind die Regionalverbände in Baden-Württemberg oder auch der Kommunalverband Großraum Hannover. Solche Regionalverbände sollten kommunal verfaßt sein und die Regionalplanung als Aufgabe des eigenen Wirkungskreises erhalten. Entsprechende regionale Konzepte sollten also durch eine eigene Verwaltung in enger Abstimmung mit den beteiligten Kommunen vorbereitet und durch eine Verbandsversammlung politisch entschieden werden.

Darüber hinaus ist es erforderlich, die Durchsetzung regionaler Entwicklungskonzepte dadurch zu verbessern, daß den Regionalverbänden neben der Planung auch die Durchführung von regionalen "Schlüsselaufgaben" übertragen wird. Nach dem Vorbild des Großraums Hannover dürfte dies in erster Linie die Aufgabe des öffentlichen Nahverkehrs sein, und zwar sowohl für großstädtische Ballungsräume als auch für mehr ländlich strukturierte Regionen. Die Regionalverbände wären dann Träger des Personennahverkehrs, der im Rahmen der genannten Bahnreform regionalisiert werden soll. Und natürlich wären sie auch Empfänger der Mittel, die im Rahmen der Regionalisierung an die Länder und Kommunen fließen sollen.

Selbstverständlich darf die Bildung solcher Regionalverbände nicht an Ländergrenzen haltmachen. So sind Regionalverbände für Hamburg und Bremen mit ihrem jeweiligen Umland schon lange überfällig. Aber auch für den Raum Leipzig/Halle sowie insbesondere für den Großraum Berlin erscheint dies angesichts der sich abzeichnenden rapiden Entwicklung zwingend geboten. Die offenbar politisch gewollte Zusammenlegung der Länder Berlin und Brandenburg könnte die Bildung eines Regionalverbandes mit Sicherheit erleichtern. Sie wäre Voraussetzung für die Weiterentwicklung des Verbandes zu einer Gebietskörperschaft, der "Regionalstadt Berlin".

Über die obengenannten Grundsätze zur Finanzierung der regionalen Infrastruktur ist die aktuelle Frage zu beantworten, mit welchem Instrument der entsprechende große Nachholbedarf in den neuen Bundesländern baldmöglichst realisiert werden kann. Realistisch bietet sich eine Ausweitung der Gemeinschaftsaufgabe zur Verbesserung der regionalen Wirtschaftsstruktur an, und zwar hinsichtlich des Volumens als auch des Katalogs der zu fördernden Maßnahmen. Vorbild hierfür ist der Katalog der (leider) ausgelaufenen Strukturhilfe.

Darüber hinaus sollte mindestens ein Teil dieser Mittel schlüsselmäßig als pauschale Zuweisung an die Kommunen weitergegeben werden (so in Niedersachsen bei der Strukturhilfe geschehen), damit diese über die für sie wichtigen Maßnahmen, natürlich auf der Grundlage des genannten Katalogs, entscheiden können. Eine effektive und ebenso schnelle Lösung für die Entwicklung der regionalen Infrastruktur bietet sich somit an - ebenso wie (hier in Weimar) ein Goethe-Wort:

"Der Worte sind genug gewechselt,
laßt mich auch endlich Taten sehn!
Indes Ihr Komplimente drechselt,
kann etwas Nützliches geschehn."

Jochen Dieckmann

Kommunale Infrastrukturaufgaben

Entwicklung und Perspektiven

1. Zur Rolle der kommunalen Infrastruktur

Kommunale Infrastruktur hat hinsichtlich ihrer Quantität und Qualität eine große Bedeutung für Stadtentwicklung und Wirtschaftsleben. Dies ist fast ein Gemeinplatz. Anlaß, auf diese Bedeutung hinzuweisen, gibt allerdings die Beobachtung, daß und wie im Prozeß der deutschen Einigung diese Einsicht vernachlässigt worden ist. Besonders drastisch im Vertrag über die Herstellung der Wirtschafts- und Währungsunion, deutlich immer noch im Einigungsvertrag, fehlen Aussagen - und entsprechende Lösungsansätze - für die Sicherung bzw. den Ausbau der benötigten Infrastruktur.

Die vorhandenen Mängel der kommunalen Infrastruktur in den neuen Bundesländern, deren Ausmaß für alle erschreckend war, stellen ein erhebliches Investitionshemmnis dar. Inzwischen wächst die Einsicht, daß die Kräfte des Marktes allein nicht ausreichen werden, die Wirtschaftsentwicklung bis zur Angleichung der Lebensverhältnisse in Ost und West zu führen.

Die Bedeutung einer angemessenen kommunalen Infrastruktur muß aber auch im Zusammenhang mit der Herstellung des Europäischen Binnenmarktes gesehen werden. Die Chancen des "Standorts Deutschland" sind abhängig von einem Bündel von Faktoren. Deshalb ist es nicht sachgerecht, allein die in der Bundesrepublik praktizierte Form der Unternehmensbesteuerung für die Zukunftschancen des Standorts Deutschland verantwortlich zu machen. Standortentscheidungen von Investoren sind eben auch von der vorgefundenen kommunalen Infrastruktur abhängig, sei es die Erschließung, seien es die erreichten Umweltstandards oder - als klassische "weiche" Standortfaktoren - die kulturelle und sportliche Infrastruktur.

2. Bedarfsentwicklung in den 90er Jahren

Ausbau und Erhaltung der Infrastruktur sind kommunale Aufgaben von einer beachtlichen Größenordnung. Das belegen die vorliegenden Investitionsbedarfsschätzungen.

2.1 Methodische Fragen

Investitionsbedarfsschätzungen haben in Westdeutschland Tradition. Sie dürfen indes nicht überbewertet werden. Insbesondere sind sie kein Ersatz für Politik. Sie sind Schätzungen, keine Berechnungen, und beruhen auf Soll-Vorstellungen, die sich aus Statistiken, Gesetzen und anderen Rechtsvorschriften sowie sonstigen Standards ergeben.

So hängt die Bedarfsermittlung insbesondere von der angenommenen Bevölkerungsentwicklung ab. Der kommunale Investitionsbedarf wird maßgeblich durch die Bevölkerungsentwicklung, und zwar weniger durch Gesamtzahlen als vielmehr durch die Entwicklung einzelner Altersgruppen bestimmt. Im Gegensatz zu früheren Prognosen[1]) kann man heute annehmen, daß die Bevölkerung - insbesondere die jüngeren Altersgruppen - während der 90er Jahre noch wachsen wird[2]). Andererseits muß auch die immer noch anhaltende Binnenwanderung innerhalb Deutschlands Berücksichtigung finden; sie führt zu räumlichen Unterschieden.

Auch die zugrundeliegenden Standards unterliegen dem Wandel: So hat der Deutsche Bundestag mit seiner Entscheidung, ab 1996 für alle 3 - 6jährigen Kinder einen Rechtsanspruch auf Unterbringung in einem Kindergarten zu gewährleisten, die Anforderungen an diesen Teil der sozialen Infrastruktur maßgeblich erhöht[3]). Auch der soziale Wandel durch neue Lebensstile und neue Haushaltstypen wirkt sich auf die städtische Infrastruktur aus. Der in Westdeutschland weit fortgeschrittene, in Ostdeutschland einsetzende Prozeß der Individualisierung wird bei der sozialen und kulturellen Infrastruktur, aber auch bei der Verkehrsinfrastruktur im Sinne einer stärkeren Differenzierung berücksichtigt werden müssen.

Mit diesen methodischen Einschränkungen hat die Untersuchung des Deutschen Instituts für Urbanistik (Difu) zum kommunalen Investitionsbedarf der 80er Jahre (sie ergab seinerzeit einen Bedarf von über 800 Mrd. DM) eine wichtige Rolle in den politischen Diskussionen gespielt[4]). Diese Funktion kann die Nachfolgeuntersuchung für die 90er Jahre[5]) zwangsläufig nicht haben, da vor ihrer Fertigstellung mit dem Zusammenbruch der DDR und der Herstellung der deutschen Einheit eine vollständig neue Situation eintrat. Eine Ergänzung um den Investitionsbedarf der Kommunen in den neuen Ländern war nicht möglich, da die vorliegenden Statistiken für eine Schätzung mit gleichem Anspruch wie für die westlichen Länder nicht ausreichen und zudem die Abgrenzung der kommunalen Tätigkeit noch nicht hinreichend klar war[6]).

2.2 Difu-Untersuchung für Westdeutschland

Die vom Difu - wiederum in Zusammenarbeit mit dem Deutschen Städtetag - durchgeführte Investitionsbedarfsschätzung ergibt für den Zeitraum 1990 bis Ende 1999 einen Investitionsbedarf von etwas über 1 Bill. DM - gemessen in Preisen von 1988. Knapp 2/3 dieses Betrages entfallen auf Ersatzbauten und die Modernisierung vorhandener Bauwerke, etwas über 1/3 dient der Ausweitung der Infrastrukturkapazitäten.

Einzelheiten ergeben sich aus Tab. 1.

Überdurchschnittliche Anteile des Ersatzbedarfes werden dabei u.a. für Schulen, Krankenhäuser und Straßen erwartet. Die Ersatzbedarfsquote bei der Kanalisation entspricht mit 65% etwa dem Durchschnitt aller Investitionsbereiche. Der Erweiterungsbedarf überwiegt dagegen z.B. in den Bereichen Versorgung und Wohnungsbau/Modernisierung, während sich bei kulturellen Einrichtungen Ersatz- und Erweiterungsbedarf etwa die Waage halten.

Tab. 1: Investitionsbedarfsschätzung 1990 - 1999

1.	Bereich Versorgung		84
	1.1 Energieversorgung	46	
	1.2 Wasserversorgung	33	
	1.3 Gemeinsame Einrichtungen	5	
2.	Bereich Umweltschutz		169
	2.1 Abwasserbeseitigung	105	
	2.2 Abfallbeseitigung	18	
	2.3 Bodenschutz	37	
	2.4 Grünanlagen und Kleingärten	8	
3.	Bereich Verkehr		226
	3.1 Straßen u. Parkeinrichtungen	187	
	3.2 ÖPNV	39	
4.	Bereich Stadterneuerung und Wohnungsbau[1]		155
	4.1 Stadterneuerung	115	
	4.2 Wohnungsmodernisierung und -neubau	98	
5.	Bereich Soziale Infrastruktur		134
	5.1 Schulen	57	
	5.2 Sportstätten und Badeanstalten	21	
	5.3 Jugendhilfeeinrichtungen	14	
	5.4 Alteneinrichtungen	13	
	5.5 Krankenhäuser	30	
6.	Bereich Kultur		24
	6.1 Theater und Musik	8	
	6.2 Bibliotheken	3	
	6.3 Sonstige Kultureinrichtungen	13	
7.	Bereich Denkmalpflege		15
8.	Bereich Sonstige Einrichtungen		107
9.	Bereich Grundstücke		119
Insgesamt			1034

1)In der Summe wurde berücksichtigt, daß der Bereich Stadterneuerung sich mit anderen Schätzbereichen überschneidet.

Quelle: Erhebung des Deutschen Instituts für Urbanistik.

2.3 ifo-Untersuchung für Ostdeutschland

Das ifo-Institut für Wirtschaftsforschung hat - unter kritischer Überprüfung und Revision der recht differenzierten statistischen Daten aus der ehemaligen DDR - bis zum Jahre 2005 einen Baubedarf in Höhe von 2,3 Bill. DM ermittelt (in Preisen von 1990)[7]). Dieser Betrag ergibt sich, wenn bis zum Ende des Analysezeitraums die Lebensbedingungen in den neuen

Bundesländern soweit verbessert sein sollen, daß sie sich nur noch unwesentich von denen in den alten Bundesländern unterscheiden. Innerhalb dieses globalen Betrages ist der Wohnbaubedarf der mit Abstand bedeutendste Bereich. Er erreicht ein Volumen von fast 1 Bill. DM.

Im Gegensatz zur dargestellten Difu-Untersuchung beschränkt sich die ifo-Untersuchung nicht auf den kommunalen Bedarf. So entfallen 267 Mrd. DM, also fast 1/5 des gesamten Bedarfs, auf den Teilbereich Wirtschaft, also im wesentlichen die Bauinvestitionen der privaten Unternehmen.

Mit diesem Vorbehalt wird auf die nachfolgende Tab. 2 des Baubedarfs verwiesen.

Vom gesamten Baubedarf sind über 60% Erhaltungsbedarf, davon überdurchschnittlich hoch für Wohnen (94%; 614 Mrd. DM), Energie (76%; 50 Mrd. DM) und die soziokulturelle Infrastruktur (77%; 128 Mrd. DM). Der Erweiterungsbedarf liegt über dem Durchschnitt vor allem beim Umweltschutz (67%; 118 Mrd. DM) und bei der wirtschaftlichen Infrastruktur (42%; 195 Mrd. DM).

Tab. 2: Baubedarf in den neuen Bundesländern 1991 bis 2005
- in Preisen von 1990 -

Teilbereich	Erhaltungsbedarf Mrd. DM	%	Erweiterungsbedarf Mrd. DM	%	gesamter Baubedarf Mrd. DM	%
Wohnen	618	43	357	38	975	41
Überregionaler Verkehr	114	8	93	10	207	9
Regionaler Verkehr	134	9	62	7	196	8
Umweltschutz	56	4	118	12	174	7
Wirtschaft	267	19	195	20	462	20
Energie	50	4	16	2	66	3
Wasser	13	1	8	1	21	1
Kommunikation	10	1	40	4	50	2
Sozio-kulturelle Infrastruktur	128	9	40	4	168	7
Sonstiges	34	2	16	2	50	2
Summe	1424	100	945	100	2369	100

Quelle: Berechnungen des ifo-Instituts

3. Knappe Ressourcen für die weitere Entwicklung

Dem hohen Bedarf an Erneuerung und Ausbau der kommunalen Infrastruktur stehen knappe Ressourcen gegenüber.

3.1 Knappe Ressource Geld

Dies ist vor allem ein begrenzter finanzieller Spielraum. Zwar konnten im Jahr 1991 die ursprünglich erwarteten Defizite in den Verwaltungshaushalten der ostdeutschen Städte und Gemeinden meist abgewendet werden, da Bund und Länder im Verlauf des Jahres die Zuweisungen erheblich aufstockten. Nicht zuletzt die stark zunehmenden Personalausgaben machen in den kommenden Jahren weitere deutliche Steigerungen der Zuweisungen der neuen Länder für die laufende Aufgabenerfüllung der Kommunen erforderlich[8]).

Angesichts fehlender Eigenmittel und sehr begrenzter Verschuldungsfähigkeit der ostdeutschen Städte und Gemeinden ist auch in den kommenden Jahren die Bereitstellung staatlicher Investitionszuweisungen in erheblichem Umfang erforderlich. Dem Bund steht hierfür das Instrument der Finanzhilfen nach Art.104a Abs.4 GG zur Verfügung. Die im Grundgesetz dafür festgelegten Kriterien rechtfertigen noch auf Jahre hinaus den massiven Einsatz dieser Finanzhilfen zugunsten der Infrastruktur in den neuen Ländern. Deshalb muß aus Sicht des Deutschen Städtetages (DST) das auf die Jahre 1991 und 1992 beschränkte Gemeinschaftswerk Aufschwung Ost fortgesetzt werden. Dabei müssen die Mittel stärker als 1992 auf die kommunale Infrastruktur konzentriert werden. Außerdem muß jetzt eine mittel- bis langfristige Festlegung des jährlichen Programmvolumens erfolgen, um den ostdeutschen Kommunen die notwendige langfristige Perspektive für ihre Investitionsentscheidungen zu geben. Erforderlich ist rechtliche und finanzielle Kontinuität, um der kommunalen Planung die nötige Perspektive zu geben.

Dabei sind vor allem die z.T. unübersichtlichen Förderrichtlinien erheblich zu vereinfachen. Bis auf weiteres sollte nach Auffassung des DST der unbürokratische, aber unzweifelhaft effektive Weg der Investitionspauschale eingeschlagen werden - zumindest noch so lange, wie die bekannten Investitionshemmnisse eine schnelle und bedarfsgerechte Umsetzung investiver Zweckzuweisungen behindern. Pauschale Investitionsmittel vom Bund (und/oder vom Land!) stellen sicher, daß Aufträge für Erneuerung und Ausbau der Infrastruktur rasch vergeben werden.

Aber auch für die Kommunen in den alten Bundesländern gibt es wenig Spielraum. Der Gemeindefinanzbericht 1992 des DST weist aus, daß nach wenigen Jahren einer gewissen Konsolidierung die Haushaltslage zunehmend angespannter wird. Die stark steigenden Defizite sind ein Signal, das ernst zu nehmen ist[9]).

Vollkommen ungeklärt sind die Auswirkungen des neu zu regelnden Länderfinanzausgleiches, den der Einigungsvertrag für 1995 f. vorsieht[10]). Was dies für die westdeutschen kommunalen Haushalte bedeutet, ist ebensowenig absehbar wie das Ergebnis der jetzt begonnenen Gespräche über einen "Solidarpakt"[11]). Letzterer wird für die Kommunen - ebenso wie für die Länder - sicher zu einer strikten Ausgabenbegrenzung führen. Sie wird auch vom DST bejaht. Auf seine Veranlassung ist aber schon in eine entsprechende Erklärung des Finanzplanungsrates (3.Juni 1992) ausdrücklich die Aussage aufgenommen worden: "Eine Voraussetzung für eine wirksame Ausgabenbegrenzung in den Kommunalhaushalten ist die Reduzierung von Leistungsverpflichtungen und -standards sowie der Verzicht auf neue, die Kommunen belastende Leistungen."[12]) Dies ist unverzichtbar. Weitere Lasten sind erkennbar im Rahmen

- der Bundesbahnreform,
- der Neuregelung des Bundessozialhilfegesetzes,
- der Einschränkungen des AFG,
- der Strukturverbesserung im Krankenhauswesen und
- der Einführung eines Rechtsanspruchs auf einen Kindergartenplatz.

Naturgemäß wird sich der strikte Ausgabenbegrenzungskurs wiederum auf die Infrastruktur auswirken. Wenn es gilt, Streichungen und/oder Streckungen vorzunehmen, so sind es stets (in dieser Reihenfolge) die Unterhaltung der Infrastrukturanlagen, namentlich der Straßen und Wege, die Reduzierung der Ausstattungsstandards sowie die Investitionen und Investitionsförderungsmaßnahmen allgemein[13]).

Es ist zutreffend darauf hingewiesen worden, daß die Aufwendungen der Kommunen für ihre Infrastruktur nach Grund und Höhe durchweg nicht rechtlich festgeschrieben, also disponibel sind. Ob und wieweit Kürzungen sachgerecht sind, ist sorgfältig zu prüfen - sowohl im Detail (mehr als bisher ist dabei der Verteilungsgerechtigkeit Aufmerksamkeit zu schenken) als auch im größeren Zusammenhang: Ist es vertretbar, wenn die alten Bundesländer in erheblichem Umfang ihre Maßnahmen zur Verbesserung der Infrastruktur und der Standortgunst einschränken? Bedeutet das nicht den Ast absägen, auf dem die Nation sitzt?

Die strukturpolitischen Auswirkungen eines strikten Einsparungskurses sind also sorgfältig zu untersuchen. Vernünftigerweise kann dies nur im Rahmen eines Gesamtkonzeptes erfolgen, das der DST seit langem fordert - und das einen umfassenden und ehrlichen Dialog zwischen Bund, Ländern und Kommunen voraussetzt. Darüber hinaus muß man sehen, daß Einsparungen nicht abrupt erfolgen können, sonst schaden sie mehr als sie nutzen. Erforderlich ist ein gewisser "Bremsweg".

Kann eine Privatisierung helfen?

Privatwirtschaftliche Finanzierungsformen werden von interessierter Seite gerne als Hilfe angesehen, Ausgabenbelastungen für Investitionsprojekte zeitlich in die Zukunft zu verschieben, zusätzliches privates Kapital für Infrastrukturleistungen zu mobilisieren und angebliche Effizienzgewinne infolge rationeller privatwirtschaftlicher Planung, Finanzierung, Errichtung und Betreibung zu realisieren. Für alle in diesem Zusammenhang erörterten Sonderfinanzierungsformen wie Factoring, Beteiligungsfinanzierung, Leasing und Fonds-Finanzierung gilt, daß sie grundsätzlich keine finanzwirtschaftlichen Vorteile bringen. Dies ergibt sich aus den finanzierungsspezifischen Zusatzkosten, Unsicherheiten bei den steuerlichen Grundlagen und der Gewinnkomponente des privaten Betreibers. Dennoch: Für die Städte ist all dies letztlich bei aller Skepsis ein Rechenexempel. Läßt sich darlegen, daß eine der genannten Finanzierungsformen kostengünstiger ist, wird darüber zu sprechen sein[14]).

Unter Privatisierung wird oft auch die Einbeziehung Privater bei der Erfüllung öffentlicher Aufgaben verstanden. Hier verfügen die Kommunen über langjährige Erfahrungen, sei es im Hochbau, Tiefbau, Vermessung oder Stadtplanung. Im kommunalen Bereich wird diese Heranziehung Privater länger und intensiver praktiziert als bei Bund und Ländern. Auch hier gilt: Die Entscheidung für oder gegen die Einschaltung von Privaten ist weniger eine Frage der Dogmatik als vielmehr das Ergebnis eines nüchternen Rechenvorgangs - im Interesse der Bürgerschaft.

3.2 Knappe Ressource Baukapazität

Bei einer unveränderten Fortführung der Baukonjunktur im Westen und einem unveränderten Ansteigen der Konjunktur im Osten müssen sich Engpässe in der Baukapazität ergeben.

Eine Realisierung der dargestellten Investitionsbedarfe ohne jegliche Einschränkungen ist ohnehin ausgeschlossen. Eine Streckung mindert auch die Gefahr, daß die finanzielle Förderung "in die Preise" geht.

Die Baukapazitäten in Ostdeutschland werden nach Meinung des ifo-Institutes weiter - wenn auch langsamer als erwartet - steigen. Sie werden nur für einen Teil des Bedarfs ausreichen. Der Rest wird angesichts der stagnierenden Konjunktur in Westdeutschland von westdeutschen Bauunternehmen und -im Zeichen des Europäischen Binnenmarkts ab 1.1.1993 - auch von westeuropäischen Unternehmen gedeckt werden können[15]).

3.3 Knappe Ressource Verfahren

Herstellung und Ausbau kommunaler Infrastruktur werden auch durch komplizierte und langwierige Verfahren eingeschränkt.

Dies beruht zunächst auf einer begrenzten Durchsetzungskapazität der Kommunalverwaltungen und Mittelinstanzen. Die Haushaltskonsolidierung zu Beginn der 80er Jahre ist insbesondere an den kommunalen Bauverwaltungen Westdeutschlands nicht spurenlos vorübergegangen.

Andererseits sind sowohl die Rechtsvorschriften der Bauaufsichtsämter wie auch das technische Regelwerk der Hoch- und Tiefbauämter so umfassend gewachsen, daß sich Grenzen ergeben. Leider ist diese ungünstige Entwicklung nicht zu Ende, da täglich an neuen Vorschriften gearbeitet wird. Ich nenne als Beispiele die Novelle zum Bundesnaturschutzgesetz oder die Konzeption einer Bodenschutzgesetzgebung mit eigener Bodenschutzplanung und zusätzlichen Trägern öffentlicher Belange.

Unverdrossen klingt demgegenüber seit über einem Jahrzehnt der Ruf nach Entbürokratisierung. Die Ergebnisse verschiedener Kommissionen sind indes mager[16]). Kein Wunder: Der Grund für die Verfahrensdauer ist weniger die Kompliziertheit dereinzelnen Verfahrensschritte, sondern vielmehr die Komplexität der anstehenden Entscheidungssituationen. Die Komplexität von Nutzungskonflikten läßt sich in einem hochbesiedelten Industrieland nicht durch Gesetzesworte auflösen, ohne materielle Standards aufzugeben[17]).

Erhebliche Bedeutung für die Verfahrensdauer bei Infrastrukturprojekten hat das Sinken der Akzeptanz für neue Vorhaben. Wer immer an welchem Standort auch immer eine Infrastrukturmaßnahme beginnt, muß mit einer Vielzahl von Widersprüchen und anderen Rechtsbehelfen rechnen. Da sich der beschwerdeführende Nachbar auf sein Eigentumsrecht - und damit auf eine verfassungsrechtlich geschützte Position - beruft, helfen einfachgesetzliche Regelungen wenig. Immerhin hat das BauGB-Maßnahmengesetz 1990 dem Widerspruch des Nachbarn gegen den Baubescheid keine aufschiebende Wirkung mehr zugebilligt[18]).

In Ostdeutschland ist die Situation noch schwieriger[19]). Kommunale Selbstverwaltung ist eine vollständig neue Aufgabe für die Verwaltungen[20]). Sie bestehen z.T. aus Mitarbeitern der früheren Räte der Städte bzw. Kreise; ihre politische Leitung ist aber durchweg erst seit zwei Jahren mit dieser Aufgabe betraut. Nahezu alle kommunalen Aufgaben sind gleichzeitig anzugehen, und es gibt große Hindernisse; dennoch ist in den vergangenen zwei Jahren eine beachtliche Leistung erbracht worden. Viel bleibt noch zu tun. Verwaltungshilfe durch Information, Beratung und Fortbildung[21]) und Verwaltungsreform, vor allem eine Gebietsreform[22]), bleiben auf mittlere Sicht unverändert erforderlich.

Eine nicht unerhebliche Verantwortung für die Ausgestaltung der Verfahren trägt neben der Verwaltung im engeren Sinne auch die Kommunalpolitik. Kommunale Selbstverwaltung ist ja stets auch kommunalpolitische Selbstverwaltung.

Kritiker der sog. inneren Kommunalverfassung stellen zu Recht fest, daß im Verhältnis zwischen Stadtverordnetenversammlung und Verwaltung eine sehr starke Steuerung seitens der Politik besteht[23]). Sie beruht auf dem Grundsatz der Allzuständigkeit des Rates[24]), jedenfalls dessen praktizierter Form. Die detaillierte, mitunter noch nicht einmal formalisierte, aber auch nicht prognostizierte Intervention in laufende Verfahren wird von Verwaltungsangehörigen, aber auch von Außenstehenden durchweg als nachteilig angesehen. Es wirkt nicht förderlich für Eigeninitiative und Entscheidungsfreudigkeit der Verwaltung, wenn die politische Interventionsmöglichkeit wie ein Damokles-Schwert im Raume schwebt.

In den Stadtverordnetenversammlungen Ostdeutschlands kommt erschwerend hinzu, daß meist breite Koalitionen entstanden sind, die nach den Auseinandersetzungen der ersten Zeit heute mitunter so labil sind, daß sie nicht mehr die Kraft zu wegweisenden und infrastrukturfördernden Entscheidungen haben. Was bleibt, ist mitunter eine an Attentismus grenzende Vorsicht, die eine abschließende Entscheidung verzögert.

Das Näherrücken des Termins für die Kommunalwahl (spätestens im Mai 1994) macht die Situation nicht einfacher. Der Fairness halber sei erwähnt, daß die Situation in Landespolitik und -verwaltung nicht besser ist.

3.4 Knappe Ressource Standort

Infrastruktur braucht Standorte

Dort, wo Infrastruktureinrichtungen die Nähe zu den Nutzern erfordern (dies ist insbesondere bei der sozialen, der kulturellen oder der Sportinfrastruktur der Fall), wird es zukünftiger noch schwieriger sein, neue Standorte zu finden. Bei der insbesondere in Westdeutschland bereits erreichten Siedlungsdichte werden demgegenüber vor allem ökologische Gründe geltend gemacht. Die gleichen Gründe stehen einer Erweiterung, wie sie auch im Rahmen von Modernisierung notwendig ist, häufig aber auch dem Betrieb von Infrastruktureinrichtungen ("Sport und Umwelt") entgegen[25]).

Auf die negativen Auswirkungen des hohen Bodenpreisniveaus sei lediglich hingewiesen[26]).

Vorsorgende Standortplanung wird somit immer wichtiger. Dazu kann Stadtentwicklungsplanung einen Beitrag leisten[27]). Nur wenn in einem weiten und offenen Verfahren die Zielvorstellungen formuliert und ausgetauscht werden, kann die nötige Perspektive für die Entwicklung von kommunaler Infrastruktur gewährleistet werden. Zugleich leistet kommunale Entwicklungsplanung, wenn sie frühzeitig und umfassend mit den Bürgern erörtert wird, einen nicht unerheblichen Beitrag zur Stärkung der Akzeptanz von Infrastruktureinrichtungen.

Für die Entwicklung in den neuen Bundesländern ergibt sich zusätzlich das Problem der verfügbaren Flächen. Den Kommunen fehlte im Zeitpunkt des Einigungsvertrages die erforderliche Grundausstattung. Deren Vervollständigung nach Maßgabe des Kommunalvermögensgesetzes vom Juli 1990 und des Einigungsvertrages nimmt immer noch zu viel Zeit in Anspruch[28]). Treuhandanstalt und Oberfinanzdirektionen sind aufgefordert, hier zusätzliche Anstrengungen zu unternehmen - trotz oder gerade wegen des Eingangs von wöchentlich 500-600 Anträgen auf Kommunalisierung bei der Treuhandanstalt (die Antragsfrist endet am 30.06.1994). Dabei ist unverzichtbar, daß vorhandene Infrastruktureinrichtungen, z.B. Sportstätten im Rahmen von Großbetrieben, nicht dem allgemeinen Betriebsvermögen zugerechnet und mit diesem veräußert werden, sondern als Ergänzung der Infrastruktur in kommunale Trägerschaft überführt werden.

Großer Anstrengungen bedarf es auch noch bei der Klärung der sog. offenen Vermögensfragen. Der inzwischen erreichte Stand der Bearbeitung von Restitutionsanträgen läßt es auch aus praktischen Gründen nicht mehr ratsam erscheinen, den Grundsatz "Rückgabe vor Entschädigung" - so fragwürdig seine Festlegung im Einigungsvertrag rückblickend gewesen ist - noch umzukehren[29]).

Solange die skizzierten Vermögensfragen nicht hinreichend geklärt sind, vollzieht sich in den Kommunen der neuen Bundesländer eine sehr problematische Entwicklung, sind doch die Standorte für Neubau und Erweiterung weniger durch die planerische Zielsetzung als durch die Verfügbarkeit von Grund und Boden (Anspruchsfreiheit) bestimmt. Diese Schieflage für Stadt- und Wirtschaftsentwicklung aufzuholen, wird eine lange Zeit benötigen.

4. Ausblick

Ungeachtet methodischer Unterschiede ergeben die Untersuchungen einen immensen Bedarf für Maßnahmen der kommunalen Infrastruktur.

Von den dargestellten Problemen sind sicher die Verfahrenserschwernisse und die finanziellen Engpässe die gewichtigsten. Vor allem die begrenzten finanziellen Spielräume der ostdeutschen Kommunen werden es nicht erlauben, die angestrebte Gleichwertigkeit der Lebensverhältnisse noch in diesem Jahrzehnt zu verwirklichen. Auf lange Zeit bleibt finanzielle Unterstützung aus dem Westen erforderlich.

Für Westdeutschland bedeutet dies eine Senkung der Ausgaben für kommunale Infrastruktur. Eine Konsequenz aus der veränderten Situation könnte für Westdeutschland sein, schwerpunktmäßig den Ersatzbedarf zu decken und sich fürs erste auf die Erhaltung der vorhandenen Substanz zu konzentrieren.

Anmerkungen

1) Zu deren Auswirkungen auf die Städte vgl. Weinberger, dst 1986, S. 702ff.

2) Statistisches Bundesamt, 7. koordinierte Bevölkerungsschätzung (Basis 31.12.1989); Landesamt für Datenverarbeitung und Statistik NW, Bevölkerungsprognose 1990.

3) Art. 5 Nr. 1 des Schwangeren- und Familienhilfegesetzes vom 27. Juli 1992, BGBl. I 1398.

4) Reidenbach u.a.: Kommunaler Investitionsbedarf bis 1990, Berlin 1980.

5) Reidenbach/Autzen/Echter u.a.: Der kommunale Investitionsbedarf in den 90er Jahren, Berlin 1992.

6) (Difu) vgl. Anm. 5), S. 273.

7) Kurzfassung im ifo-Schnelldienst 15/92.

8) Karrenberg/Münstermann, Gemeindefinanzbericht 1992, der städtetag 1992, S. 65ff.

9) Schäfer, der städtetag 1992, S. 55.

10) Vertrag über die Herstellung der Einheit Deutschlands - Einigungsvertrag - vom 31.8.1990 (BGBl. I 1990, 877), Kap. I, Art. 7, sowie Anlage I, Kap. IV, Sachgebiet B, Abschnitt II, Nr. 2.

11) Vgl. FAZ Nr. 258 v. 5.11.1992.

12) Bulletin Nr. 94 vom 10.9.1992, S. 899, Presse- und Informationsdienst der Bundesregierung, Mitteilungen des Deutschen Städtetages Nr. 623 v. 8.7.1992.

13) Vgl. etwa Karrenberg/Münstermann, der städtetag 1983, 69, S. 107f.

14) Vgl. im einzelnen Schweisfurth: Privatwirtschaftliche Formen kommunaler Investitionsfinanzierung, DST-Beiträge zur Finanzpolitik, Reihe G, Heft 11, Köln 1991; Münstermann/Schäfer: Zur aktuellen Finanzsituation der Kommunen in Ost und West, Sparkasse 1992, S. 114.

15) ifo-Bericht Wirtschaftskonjunktur 8/92.

16) Zur Arbeit der sog. Waffenschmidt-Kommission, Horst Waffenschmidt: Grundsätze und Ziele der Rechts- und Verwaltungsvereinfachung, Die neue Verwaltung 5/92, S. 4; zur Arbeit der Ellwein-Kommission in NW, Ellwein (Hrsg.): Gesetzes- und Verwaltungsvereinfachung in Nordrhein-Westfalen, Köln 1983.

17) Vgl. zum begrenzten Deregulierungspotential im Städtebaurecht, Dieckmann, Rdn. 30, Einf., BauGB, 1987.

18) § 10 Abs. 2 des BauGB-Maßnahmengesetzes (Art. 2 des Wohnungsbauerleichterungsgesetzes vom 17. Mai 1990 (BGBl. I, S. 926).

19) Vgl. auch ifo-Schnelldienst 25-26/92.

20) Scheytt: Städte, Kreise und Gemeinden im Umbruch - Der Aufbau der Kommunalverwaltungen in den neuen Bundesländern, Deutschland-Archiv I, 1992, S. 12ff.

21) Vgl. Anm. 20), S. 20f.

22) Zielke/Kirschbaum-Gollin: Kommunale Gebietsreform, DST-Beiträge zur Kommunalpolitik, Reihe A, Heft 15, S. 7f., Köln 1991.

23) Banner, VOP 1991, S. 6ff.

24) § 28 GO NW, § 21 Abs. 2 Kommunalverfassungsgesetz DDR.

25) Vgl. dazu zuletzt Berkemann, NVwZ 1992, 817.

26) Siehe Schaar, der städtetag 1992, 695ff.

27) Heinz: Prinzipien der Wirtschaft halten Einzug, der städtetag 1992, S. 631ff.; siehe auch Schlegel: Renaissance der Stadtentwicklungsplanung, der städtetag 1992, S. 776f.

28) Siehe dazu Bundesvereinigung der kommunalen Spitzenverbände, Mobilisierung von Grundstücken, Arbeitshilfe 9, S. 8, Berlin 1991.

29) So die Oberbürgermeister-Konferenz der ostdeutschen Städte (vgl. MittDST 478/92) vom 9.6.1992).

REIMUT JOCHIMSEN

Thesen zu den räumlichen Erfordernissen einer Infrastrukturpolitik für das Jahr 2000

Einführung zur Podiumsdiskussion "Infrastrukturelle Voraussetzungen des Strukturwandels in den neuen Ländern"

Für unsere Diskussion, die ich auf die "Infrastrukturellen Voraussetzungen des Strukturwandels", wie er jetzt in den neuen Ländern ansteht, begrenzen möchte, stelle ich vier Ausgangspunkte, eine Zwischenbilanz (Punkt 5) und fünf Folgerungen (Punkt 6 bis 10) mit entsprechenden Fragen auf. (Sie werden etwas allgemeiner und grundsätzlicher in den 8 Thesen zu den räumlichen Erfordernissen einer Infrastrukturpolitik für das Jahr 2000 zusammengefaßt.) Zunächst zu den Ausgangspunkten:

1. Die Rückkehr Deutschlands und Europas - nach mehr als einem halben Jahrhundert - in ihre geopolitische "Normallage" ist für die zukünftige Perspektive ein dominanter Bestimmungsfaktor, der vor allem für die Bundesrepublik Deutschland eine sehr erhebliche Veränderung ihres Bewußtseins, ihres politischen Selbstverständnisses und ihrer Politik zur Folge haben muß. Das heißt zum Beispiel, die West-Ost-Verkehrsverbindungen und -Wirtschaftsbeziehungen schieben sich gegenüber den in der Nachkriegszeit in Westdeutschland und Westeuropa dominierenden und jetzt sehr gut ausgebauten Nord-Süd-Relationen wieder in den Vordergrund. Ihre langfristige Vernachlässigung stellt sich als enormes Hindernis heraus. Allerdings kommt jetzt die massive westliche Zonenrandförderung "gegen den Strom" entlang des Eisernen Vorhangs nicht nur den ostdeutschen, sondern auch den mitteleuropäischen Regionen und darüber hinaus zugute.

2. Beim Aufbau Ost handelt es sich nicht um den bekannten, gewissermaßen normalen "Strukturwandel" als ständige Herausforderung zur Strukturanpassung in einer modernen Industrie- und Dienstleistungsgesellschaft, sondern, ausgehend von einem politökonomischen Strukturabbruch 1989 bzw. einem programmierten Strukturumbruch 1990, um die Notwendigkeit eines umfassenden Strukturaufbaus bis dato nicht bekannter Breite, Tiefe und gesellschaftlich-kultureller Perspektive. Es geht um die Schaffung und den Aufbau von neuen "Totalbedingungen" für den sozio-ökonomischen Prozeß, bei dem "marginale" Analysen und Maßnahmen nur sehr bedingt von Nutzen sind, jedenfalls "piecemeal-engineering" nicht hinreicht.

3. Die politische und ökonomische Integration der neuen Länder in die Bundesrepublik und damit zugleich in die Europäische Gemeinschaft findet in einem bereits sehr weit fortgeschrittenen Stadium der wechselseitigen Verflechtung und Durchdringung der Wirtschaft Westeuropas und mit den westlichen Industrieländern sowie vielen Entwicklungsländern statt. Diese schlägt sich raumwirtschaftlich in gegenüber der Zwischenkriegszeit stark veränderten standort- und verkehrsmäßigen Gegebenheiten nieder. Im Westeuropa der EG hat sich in der sog. "blauen Banane", der Verdichtungsachse von Nordwesten entlang der Rheinschiene zu der mediterranen Nordseite, auf der Grundlage eines äußerst eindrucksvollen nachhaltigen Realwachstums eine hochverflochtene, verdichtete Wirtschaftstätigkeit mit bisher unbekannten Dimensionen räumlicher und unternehmensbezogener Arbeitsteilung ausgebildet. Die dazu peripheren Gebiete haben stark zu kämpfen: die Errichtung des EG-Binnenmarktes bzw. des Europäischen Wirtschaftsraumes (EG und EFTA), die sich dem Abschluß nähert, verstärkt diese Tendenzen noch. Die auf große räumliche Ausgewogenheit zielende strukturpolitische Förderung durch die EG dagegen ist noch im Aufbau, entbehrt überdies auch noch der notwendigen verfassungspolitischen Absicherung weitergehender Solidarität.

Besonders seit Beginn der ersten Stufe der Europäischen Wirtschafts- und Währungsunion, die zeitgleich mit der deutsch-deutschen Wirtschafts-, Währungs- und Sozialunion am 1. Juli 1990 anlief, sowie mit dem Start des Ausbaus zum einheitlichen europäischen Binnenmarkt können sich die säkularen Trends der "Entgrenzung" der National- und Volkswirtschaften noch stärker entfalten. Mit dem politisch gewollten Schub eines Verlustes staatlicher Hoheitsmittel zur Privilegierung von Wirtschaftsräumen (Zölle, Kontingente, Wechselkurse, Staatsunternehmen, öffentliche Aufträge, Beihilfen) - also der wirtschaftlichen Integration in einem einheitlichen Wettbewerbsmarkt - wird die nationalstaatliche Potenz und Bindekraft, für Beschäftigung und Wachstum in der eigenen Volkswirtschaft und ihren Teilräumen und Regionen zu sorgen, weiter abnehmen.

Verbunden mit dem ebenfalls säkularen Trend zur Verlagerung bei den ökonomischen Bestimmungsfaktoren der Standortwahl für Industrie und Dienstleistung, fort von "Geologie, Geographie und Demographie", hin zu weichen Standortfaktoren wie Bildung, Wissenschaft, Infrastruktur, Kultur und Lebensqualität, verschiebt sich das Wettbewerbsgefüge zwischen den Standorten, Regionen und nationalen Volkswirtschaften immer rasanter. Die Ausstattung mit materieller, personeller und institutioneller Infrastruktur wird quasi zur ubiquitär notwendigen Mindestausstattung in allen Regionen jeder Volkswirtschaft in ganz Europa, unverwechselbare wirtschafts- und infrastrukturpolitische Regionalprofile werden zum entscheidenden Wettbewerbsvorteil für die Teilräume und erlangen deshalb ihre steigende, hohe Bedeutung. Das heißt aber auch, daß die historisch gewachsenen Differenzierungschancen sich jetzt landesweit bzw. europa- und weltweit neu bewähren müssen, - und das gilt nicht nur in bezug auf das Gebiet der früheren DDR.

4. Für die Bundesrepublik Deutschland gilt die verfassungspolitische Konzeption gleichwertiger Lebensverhältnisse als Auftrag an die Bundesorgane vor allem in räumlicher Hinsicht. Im unitarischen Bundesstaat und seinem "kooperativen Föderalismus" steht dabei die doppelte Zielsetzung der möglichst raschen Marktwirtschaftsintegration und das Ausgleichsziel der Einheitlichkeit vor allem hinsichtlich der Chancengleichheit im Vordergrund.

Dazu gehört die öffentlich verantwortete infrastrukturelle Ausstattung des Wirtschafts- und Lebensraumes, also für Bildung und Ausbildung, für Kommunikation, Verkehr und Energie sowie für die effiziente und chancenwahrende Verwaltung aller Ebenen. Auch die EG bewegt sich mit ihren Strukturfonds, ebenfalls mit dem geplanten Kohäsionsfonds für transnationale Infrastrukturen, in die Richtung eines Abbaus von regionalen Disparitäten; hier fehlt es jedoch am Ausgleichsziel deutscher Stringenz, es wäre wohl auch unbezahlbar. Es ist vorgesehen, die neuen Länder einschließlich Berlin-Ost in die höchstmögliche Regionalförderung, d. h. die sog. Ziel-1-Gebiete, aufzunehmen.

Nach diesen vier Ausgangspunkten zum notwendigen Aufbau Ost präsentiere ich eine knappe Zwischenbilanz der ersten zwei Jahre und sodann meine Folgerungen für die Infrastrukturpolitik in den neuen Ländern.

5. Die Volkswirtschaft der damaligen DDR erlitt 1989/90 einen dreifachen Schock, der zu ihrem Kollaps führte. Die umfassende Selbstversorgung und Autarkie innerhalb des mittel- und osteuropäischen Wirtschaftsraumes des Rates für gegenseitige Wirtschaftshilfe fiel quasi über Nacht in sich zusammen bzw. fort und wurde durch eine sich rasant entwickelnde Öffnung zum Westen abgelöst. Das Gesellschafts- und Wirtschaftssystem der staatsmonopolistischen Kommandowirtschaft wurde schlagartig durch ein voll ausformuliertes, in Westdeutschland entwickeltes und erprobtes, aber keineswegs problemfreies marktwirtschaftliches und demokratisch-administratives System ersetzt, freilich ohne daß man darauf vorbereitet war und dafür ausgebildete und erfahrene Unternehmer, Manager, Verwalter und Lehrer hatte. Der Aufwertungswohltat 1 : 1 bzw. 2 : 1 (effektiv durchschnittlich 1,8 : 1) für die privaten Haushalte und Verbraucher entsprach - wegen der äußerst unausgewogenen, politisch motivierten, aber ökonomisch unverdienten Großzügigkeit bei den Umtauschrelationen - der weitgehende Verlust jeglicher Wettbewerbschance des bestehenden industriell-gewerblichen Bereichs, der sogar um 300 bis 400 % aufwerten mußte (schon früher erforderten die Ausfuhren in den Westen erhebliche Subventionen).

Das auf 40 % der Fläche der größeren Bundesrepublik von 30 % der Erwerbstätigen und 20 % der Bevölkerung erzeugte Sozialprodukt schrumpfte in der 2. Hälfte 1990 auf unter 7 % des gesamtdeutschen Sozialprodukts. Die Industrieproduktion sank bis 1992 auf ein Drittel von 1989, das Bruttoinlandsprodukt um über ein Drittel, während durch gewaltige Transferzahlung aus dem Westen - jährlich bis zu 180 Mrd. DM - die gesamte inländische Verwendung für privaten und öffentlichen Konsum und für Investitionen auf das Doppelte des im Gebiet der ehemaligen DDR erwirtschafteten Sozialprodukts hochschnellte. Zuletzt trug auch die rasche Lohnangleichung mit dazu bei, die Industrieproduktion zu senken. Weil die Preissubventionen für die Güter des täglichen Bedarfs schrittweise aufgehoben wurden, die Arbeitsmarktverhältnisse besonders um Berlin und an der ehemaligen Zonengrenze Anpassungsdruck erzeugten, entstand hier jedoch ein unauflösliches Dilemma.

Durch die Vorstellung, daß es lediglich 2 - 3 Jahre dauern würde, bis die neuen Länder blühende Landschaften seien, schnellten die Löhne und mit ihnen die Lohnkosten in die Höhe, obgleich der Ausstoß weiter stark schrumpfte und die Zahl der Beschäftigten rapide sank.

Derzeit betragen die Lohnstückkosten im verarbeitenden Gewerbe durchschnittlich mehr als das Doppelte des westdeutschen Wertes. Kein Wunder also, daß der sehr hohe Beschäftigungsstand in der ehemaligen DDR (und die sehr hohe Erwerbsquote, vor allem der Frauen) in enormen Schüben ständig zurückging und auch jetzt noch zurückgeht. Von den fast 10 Millionen Erwerbstätigen aus der Mitte des Jahres 1989 sind nur noch etwa 6 Millionen geblieben. Etwa 2,5 Millionen Menschen befinden sich zur Zeit entweder in Arbeitslosigkeit (1,1), in arbeitsmarktentlastenden Maßnahmen (Frühverrentung) (0,6) oder Ausbildung und Umschulung (0,5) bzw. Kurzarbeit (0,3). Hinzu kommt nochmals knapp eine halbe Million in Arbeitsbeschaffungsmaßnahmen. Es zeigt sich dabei eine zunehmende regionale Konzentrierung der Arbeitsplatzverluste, vor allem auf die früheren 15 Bezirkshauptstädte (einschließlich Berlin Ost), d. h. den DDR-Großstädten mit forcierter Industrialisierung und Bevölkerungsagglomeration. Zugleich sind die agrarisch genutzten, relativ dünn besiedelten Gebiete mit ihrem riesigen Überbesatz mit Arbeitskräften - im Vergleich zur relativ extensiven Landwirtschaft der EG - besonders von Arbeitslosigkeit betroffen. Die zuvor diskriminierten Mittelstädte erweisen sich demgegenüber eher als relativ interessante, vitale Ansatzpunkte für Neues, allerdings mit den Handicaps besonders vernachlässigter Infrastruktur bei Energie, Verkehr, Bildung und Wissenschaft.

6. Der Strukturaufbau in der Industrie, aber auch bei anderen interregional und international handelbaren Gütern und Dienstleistungen, erfordert deutlich mehr Zeit, mehr neue Ideen und Innovationen bei Produkten, Produktionsverfahren und Markterschließung, als zunächst beim "Traum vom marktwirtschaftlichen Urknall" vermutet worden ist. Inzwischen vollzieht sich eine breite Deindustrialisierung bis hin zur Industrie- und Altlastenöde, insbesondere in den Gebieten mit Bergbau, Grundstoff- und Produktionsmittelindustrie sowie bei den früheren "high-tech"-Bereichen der Elektronik. Das ergibt die Gefahr eines Mezzogiorno-Effektes, wie ihn Italiens Süden seit 120 Jahren staatlicher Einheit erfahren hat. Bei allen schon sichtbaren und erreichten Fortschritten in der konsumnahen Versorgungswirtschaft bis hin zu Kreditinstituten und freien Berufen zeigt sich, daß das Konzept zur Sicherung einer ausreichenden, eigenständigen Wertschöpfungsbasis der neuen Länder feht. Sie erst stellt eine dauerhafte, tragfähige Existenzgrundlage aus der regionalen Kraft dar: Landwirtschaft, Tourismus und überörtliche Zentralfunktionen zusammen dürften kaum 20 % der Beschäftigung erreichen; mindestens 20 % in Industrie und Gewerbe müßten hinzukommen, um diese Regionen vom Dauertropf der Transfers zu bekommen.

7. Hieraus ergibt sich, daß eine Perspektive nötig ist, die das Zeitmaß der Bewältigung der notwendigen Veränderungen realistisch ansetzt, ehrgeizig kurz, aber doch hinreichend lang, jedenfalls sehr viel langwieriger als in der ersten Euphorie unterstellt worden ist. Diese Perspektive müßte eine Gesamtschau der Erfordernisse der räumlichen Infrastrukturpolitik einschließen und vom Wunschdenken Abstand nehmen, der wünschenswerte und notwendige Aufschwung Ost stehe unmittelbar vor der Türe. Die Entwicklung wird sich immer stärker differenzieren. Wenn "Initialzündung" und "Anschubfinanzierung" aus den wegen der Einigung wachstumsbedingten Steuermehreinnahmen nicht genügen, um einen permanenten "Aufschwung Ost" mit "Aufholjagd" und "Überholspur" zum Westen ingangzusetzen, wenn überhaupt kein "quick fix" ausreicht, dann müssen zunächst die richtigen Begriffe von den Erfordernissen gewonnen werden und die Prioritäten entsprechend dem geforderten Strukturaufbau gesetzt werden.

8. Aus einer politisch richtigen Grundsatzentscheidung für den raschen Beitritt der neuen Länder zur Bundesrepublik Deutschland und ihrer Durchsetzung folgt auch nicht, daß damit die ökonomischen Zusammenhänge schlicht außer Kraft gesetzt worden sind. Im Gegenteil entfalten diese sich erst jetzt richtig, je länger die politischen Fehleinschätzungen anhalten und fortwirken. Es scheint, als ob diese "sozioökonomische Rache" für politisch vordergründige voluntaristische Dezisionen, die nicht die wirklichen sozialen und ökonomischen Dimensionen der Aufbauerfordernisse in den Blick nahmen, auf die Wiederholung des "Wirtschaftswunders" nach 1948 setzte; das letztere war im übrigen keines, sondern ist sehr nüchtern erklärbar, Abonnements darauf gibt es nicht. Denn die Lage heute weist nur eine äußerst eingeschränkte Ähnlichkeit zur Ausgangslage damals auf. Die damaligen Aufbaunotwendigkeiten waren kennzeichnend für alle westlichen Volkswirtschaften, die Weg- und Zeitgenossenschaft der Völker Westeuropas und eingeschränkt auch Mittel- und Osteuropas verliefen damals zunächst parallel, heute ist der Weltmarkt verteilt, Neulinge finden daher die Konkurrenz vor, niemand wartet auf sie. Der Ostmarkt ist weggebrochen - und wird er neu aufgebaut, dann nur als Westmarkt. Die Zeitgenossenschaft der westlichen Industrieländer ist heute durchgängig hochtechnologie- und wertschöpfungsintensiv ausgerichtet, während die nachhinkende Weggenossenschaft der Kommandowirtschaften aus dem Gestern ein schier unüberwindlich hoher Nachholbedarf auszeichnet.

Wäre jedoch das Nachholen einmal in Grundzügen erfolgt, die Aufholjagd erfolgreich und entstünden neue Strukturen in Industrie und Dienstleistungen, dann allerdings erwüchse dem Westen ein durchaus ebenbürtiger, wenn nicht sogar noch qualitätsvollerer Wettbewerber. Im offenen Markt weltwirtschaftlicher Durchdringung kann staatliche Politik weniger auf eine unmittelbare Aufgabenplanung für Arbeit und Wachstum und ihre Verteilung im Raum setzen, als auf eine Art struktureller Angebotsplanung. Deren Nutzungschance hängt allerdings von der generellen Konjunkturlage ebenso wie von der effektiven Brücke ab, die die Unternehmen in den neuen Ländern nach Mittel- und Osteuropa sowie in die westlichen Märkte schlagen können.

9. Mithin kommt der Infrastrukturpolitik eine noch umfassendere Schlüsselstellung beim Aufbau Ost zu, als dies schon beim Wiederaufbau im Westen nach dem Zweiten Weltkrieg der Fall war. Wir hatten überdies "nur" 12 bis 15 Jahre zu überwinden, nicht aber fast 60 Jahre Diskrepanz zur Entwicklung in der übrigen Welt. Hierbei tut sich übrigens eine besondere realwirtschaftliche Grenze des finanziellen Transferproblems auf, nämlich die begrenzte reale Absorptionsfähigkeit der Volkswirtschaften für Investitionen in Bauten und Anlagen. Hier sind neue Wege des Realtransfers von Baukapazitäten zur Engpaßbeseitigung bei Bahn, Straße, Energie zu entwickeln, die auch dem Westen zugute kommen, ohne die Gefahren eines Baubooms, der nur die Preise hochtreibt.

Für die Marktwirtschaft und für die Demokratie kommt dabei der Territorialorganisation des Infrastrukturaufbaus, der eher 30 als 20 Jahre erfordern wird, eine ausgesprochene Schlüsselrolle zu. Angesichts des sehr viel länger als ursprünglich anzusetzenden Zeitbedarfs des regionalen Strukturaufbaus muß m. E. jetzt die Frage aufgeworfen werden, ob nicht die Länderneugliederung und die Gemeindereform, auch im Hinblick auf das "Europa der Regionen" des Binnenmarktes und Europäischen Wirtschaftsraumes, jetzt, und zwar dringlich, in Richtung leistungsfähige Verwaltungsräume angepackt werden müßten. Sonst könnte die ungehinderte Fortsetzung des Zentralisierungsschubs in Richtung Bund drohen, wie ihn die deutsche Einheit schon bewirkt hat. Eine weitere Vertikalisierung des Finanzausgleichs zugunsten der neuen Länder zeichnet sich schon ab. Die Fortschreibung und bloße Ausweitung des bisherigen horizontalen Finanzausgleichs auf die neuen Länder scheitert an der Überforderung des Ausgleichsgedankens zwischen den Ländern.

In diesem Zusammenhang eine Bemerkung zu den Gemeinschaftsaufgaben nach Art. 91a GG, insbesondere zur Verbesserung der regionalen Wirtschaftsstruktur und zum Hochschulbau: Ich halte beide, mit Blick auf die Aufbauerfordernisse Ost und die skizzierte europäische Entwicklung, für dringend überholungsbedürftig. Sie sollten m. E. alsbald im Westen beendet werden und für die neuen Länder durch eine von vornherein auf 2 bis 3 Jahrzehnte beschränkte neue umfassende Gemeinschaftsaufgabe zum Infrastrukturaufbau und zur regionalen Strukturpolitik im Osten Deutschlands abgelöst werden.

Die westdeutschen Länder und die ihnen zuzuordnenden Problemdimensionen sollten es m. E. ermöglichen, die regionale Strukturpolitik der Länder wieder in die Eigenständigkeit zu "entlassen". Dabei wird es Ausnahmen geben, wie etwa bei dominanten Agrar-, Kohle-, Werft- und Stahlregionen, den Kernen, bei denen der Bund auch anderswie helfen muß. Eine "vermanschte", auf bundesweit einheitliche Maßstäbe ausgerichtete Gemeinschaftsaufgabe, bei der die sechs östlichen Länder auch auf die großen, instrumentell frei einzusetzenden "Ziel-1-Mittel" des EFRE-Fonds in Brüssel zurückgreifen können, erscheint mir mit Blick auf die nächsten Jahrzehnte wenig sachgerecht und politisch problematisch; methodisch, instrumentell, mitteleinsatzbezogen usw. werden sich die Politiken für die neuen Länder ohnehin auf lange Sicht noch zentral von denen der alten unterscheiden müssen, in Ausmaß, Intensität und Qualität.

10. Insgesamt ist wesentlich mehr Entwicklung von unten nötig. Sie muß aus einem zu schaffenden und zu findenden regionalen Konsens der Kräfte kommen. Dazu ist eine Bündelung vor Ort erforderlich mit Ausrichtung auf eine eigenständige Wertschöpfungsbasis, die in der Industrieproduktion, in Forschung und Entwicklung und in produktions- und unternehmensbezogenen Dienstleistungen bestehen kann.

Bei der Schaffung regional differenzierter und auf ein originäres, unverwechselbares Profil ausgerichteter Regionalkonzepte für die neuen Länder - zwar z. T. unterhalb der Landesebene, aber von der staatlichen Verwaltungskraft Nutzen ziehend - wird es auf die gleichen Grundsatzfragen hinauslaufen, bei denen sich die regionale Strukturpolitik der letzten beiden Jahrzehnte im Westen die Hacken abgelaufen hat und die auch heute noch Diskussionsbedarf auslösen. Sie sollten von uns erörtert werden:

- Flächendeckende Förderung, wie bisher, versus Schwerpunktorientierung auf sog. Wachstumsregionen oder Entwicklungspole.

- Arbeits- versus kapitalintensive Wirtschaftsförderung? Wobei bis jetzt allein die letztere dominiert, als ob Arbeitskräfteknappheit das kennzeichnende Merkmal der Aufbausituation Ost wäre und bliebe.

- Private versus öffentliche Trägerschaft der Infrastruktureinrichtungen? Oder public-private-partnership als neue Perspektive, die im Westen, in Nordrhein-Westfalen, und hier nicht nur im Ruhrgebiet, sehr erfolgreich genutzt worden ist.

- Weiche Standortfaktoren nutzen, nicht nur die harten, die ohnehin zu den Ubiquitäten der modernen Industrieräume geworden sind.

- Passive Sanierung - wie weit darf sie höchstens gehen?

Es folgen acht Thesen zu den räumlichen Erfordernissen einer Infrastrukturpolitik für das Jahr 2000:

1. Eine geeignete und ausbaufähige Infrastrukturausstattung wird immer mehr zum entscheidenden Bestimmungsfaktor für das wirtschaftliche Entwicklungspotential von Städten und Regionen.

   In einer globalen, hocharbeitsteiligen und stark verflochtenen Industrie- und Dienstleistungswirtschaft hat sich die Mobilität der Unternehmen stark erhöht. Dadurch stehen Städte und Regionen zunehmend unter dem Druck, bestehende Industriestandorte zu sichern und günstige Voraussetzungen für die Ansiedlung neuer Wirtschaftstätigkeiten zu schaffen.

   Diese auch in Deutschland zu beobachtende Entwicklung wird unterstützt durch einen Dop-peltrend. Zum einen ermöglicht die Entgrenzung der Nationalstaaten im Zuge der Schaffung einer Europäischen Union verstärkt auch grenzüberschreitende Unternehmensstandortver-lagerungen oder -neugründungen. Zum anderen verlieren die geologischen und geographischen Standortfaktoren zunehmend an Bedeutung. An ihre Stelle treten "machbare" Faktoren wie ein qualifiziertes Arbeitskräftepotential, komplementäre Kultur- und Freizeiteinrichtungen sowie die Agglomerationsvorteile einer vorzüglichen institutionellen Infrastruktur.

   Diese weichen "neuen" Standortfaktoren werden neben den "alten" Faktoren der Verkehrs-, Kommunikations- und Energieinfrastruktur zum wesentlichen Element der Standortqualität einer Region. Ihre Bereitstellung schafft erst die Voraussetzung für ein Engagement privater Investoren, das im Mittelpunkt jeder regionalen Wachstums- und Modernisierungsstrategie stehen muß.

2. Spezialisierung und Polarisierung bestimmen die räumliche Entwicklung von Städten und Regionen auch in der nächsten Dekade.

   Die Anforderungen an die Infrastrukturausstattung divergieren je nach Wirtschaftszweig stark. So setzen z. B. Just-in-time-Konzepte in der Industrieproduktion vor allem eine vorzügliche Verkehrsinfrastruktur voraus, Dienstleistungswirtschaften erfordern ein gut ausgebautes Kommunikationsnetz, während innovative Unternehmen vorrangig auf ein qualifiziertes Arbeitskräftepotential und ein "innovatives" Klima angewiesen sind, was häufig die Nähe von leistungsfähigen Forschungseinrichtungen erfordert. Städte, die die jeweils geforderte Infrastruktur bereitstellen, haben im Wettbewerb um die Neuansiedlung dieser Unternehmen Standortvorteile. Es entstehen Finanz- und Dienstleistungs-, Wissenschafts- und Technologie- oder moderne Produktionsräume, die Magnetfunktionen für weitere, insbesondere komplementäre Unternehmensansiedlungen erfüllen, vor allem, wenn es sich bei ersteren um Schlüsselindustrien handelt. Die "neuen Wirtschaftszentren" stehen in Konkurrenz zu den "alten Industriestandorten".

3. Die Vernetzung von Standorten fördert die wirtschaftliche Entwicklung von Städten und Regionen. Die Schaffung des EG-Binnenmarktes erfordert grenzüberschreitende transeuropäisch angelegte Netzwerke.

   Damit der Trend zur Spezialisierung und räumlichen Polarisierung nicht zu einer Verschärfung von regionalen Disparitäten führt, muß sichergestellt werden, daß auch die peripheren Regionen von den Wachstumspolen profitieren.

   In Westdeutschland ist dies durch die Vernetzung der Standorte über Verkehrs- und Kommunikationssysteme, aber auch den Aufbau einer wirtschaftsnahen Infrastruktur im großen und ganzen gewährleistet. Zwar beeinflussen die hierarchischen Regionsstrukturen noch die Geschwindigkeit, mit der sich technischer Fortschritt ausbreitet, aber keine Region ist von Innovationen ausgeschlossen.

   In der Europäischen Gemeinschaft dagegen sind die Ausgangsbedingungen für einen Wettbewerb der Regionen äußerst unterschiedlich. Vor allem die an der südlichen Peripherie liegenden Mitgliedstaaten weisen erhebliche Entwicklungsdefizite auf. Spezialisierung der Regionen und Polarisierung der Wirtschaftskraft in Ballungszentren führen dort aufgrund des Fehlens einer breiten Infrastrukturausstattung der umliegenden Regionen zu einer Verschärfung der regionalen Disparitäten. Erschwerend kommt hinzu, daß die Infrastrukturausstattung der Ballungszentren selbst oft stark auf harte Standortfaktoren ausgerichtet ist. Ohne ein qualifiziertes Arbeitskräftepotential, geschaffen durch Investitionen in die Aus- und Weiterbildung von Arbeitnehmern, bleiben aber gerade die innovativen und produktiven Industrie- und Dienstleistungsansiedlungen aus. Damit besteht die Gefahr, daß sich das Nord-Süd-Gefälle in der EG verfestigt, wenn nicht gar verschärft.

   Eine bessere Verflechtung der Wirtschaftsräume in Europa durch die Schaffung transeuropäischer Netze könnte ganz wesentlich dazu beitragen, die peripheren Regionen besser am Wachstumspotential des Binnenmarktes teilhaben zu lassen, bzw. dieses zu vergrößern. Eine solche Anbindung muß durch europadimensionierte Infrastrukturverbindungen hergestellt werden, z. B. durch ein Netz europäischer Hochgeschwindigkeitsbahnen und durch Dienstleistungsnetze, die den Zugang zu europaweit agierenden Banken und Versicherungen sicherstellen. Eine solche Verflechtung muß in den Regionen durch eine innere lokale Verbindung verstärkt werden, die den Zugriff auf das interregionale Netzwerk ermöglicht.

Diesem Gedanken wurde im Maastrichter Vertrag über die Europäische Union und im Delors-II-Paket Rechnung getragen. Durch die Aufstockung der Strukturfondsmittel vor allem für die sogenannten Ziel-1-Regionen (das sind Gebiete mit Entwicklungsrückstand) und den geplanten Kohäsionsfonds sollen insbesondere die infrastrukturellen Defizite der besonders weit zurückhängenden Regionen abgebaut und die Wachstumsbedingungen verbessert werden. Von der Aufstockung der Strukturfonds werden in Deutschland vorrangig die neuen Länder profitieren, die als solche Ziel-1-Regionen eingestuft sind. Die Finanzmittel, die für diese Gebiete bis 1993 bereitstehen, sollen um 70 % auf insgesamt 9,2 Mrd. DM aufgestockt werden.

4. Die ostdeutschen Länder müssen neue Standortqualitäten aufbauen, um im Wettbewerb mit den europäischen Regionen und den potentiellen Konkurrenten in den ehemaligen Ostblockstaaten bestehen zu können.

   Der Zusammenbruch des kommunistischen Systems in Ost- und Südosteuropa und die deutsche Wiedervereinigung bedeuteten für die ostdeutsche Wirtschaft den nahezu übergangslosen Verlust tradierter Absatzmärkte und die ebenso abrupte Einbindung in den Wettbewerb mit überlegenen westlichen Marktwirtschaften. Dadurch haben sich für die ostdeutschen Regionen völlig neue wirtschaftliche Anforderungen ergeben. Vor allem der Standortwettbewerb um die Ansiedlung von Unternehmen hat sich erheblich verschärft. Hauptkonkurrenten sind die ehemaligen Ostblockstaaten. Diese weisen zwar ähnliche - zum Teil sogar erheblich schwerwiegendere - Strukturprobleme auf, locken potentielle Investoren jedoch mit vergleichsweise niedrigeren Lohnkosten und geringeren Umweltauflagen.

   Im Gegensatz zu den westdeutschen Regionen sind die Ausgangsbedingungen der jungen Länder freilich weitaus ungünstiger. Der Zusammenbruch der veralteten Industrien und die nicht an westlichen Standards orientierten Produktpaletten und Fertigungstechniken machen einen tiefgreifenden Strukturwandel erforderlich. Die Sicherung eines qualitativen und ökologisch vertretbaren Wachstums auf der Grundlage einer umfassenden - auch europaweit vernetzten - Infrastruktur muß im Mittelpunkt stehen. Wegen der raschen Einkommensangleichung sind trotz aller Arbeitsmarktprobleme kapitalintensive, moderne Produktionen anzusiedeln, deren Produkte sich in weltweitem Konkurrenzkampf behaupten können. Wie groß der Nachholbedarf ist, zeigt eine Untersuchung des Instituts der deutschen Wirtschaft (IW). Danach liegen die durchschnittlichen Lohnstückkosten in Ostdeutschland mehr als doppelt so hoch wie in den alten Bundesländern.

Noch immer bestehen in den neuen Ländern erhebliche entwicklungshemmende Engpässe. Besonders gravierende Probleme bereitet vor allem die defizitäre und stark überlastete Verkehrsinfrastruktur. Ein Entwicklungsrückstand wiegt hier um so schwerer, als die Fernerreichbarkeit einer Region im Zeitalter der Globalisierung der Zulieferer- und Absatzmärkte und der zunehmenden Internationalisierung der Produktion eine steigende Rolle spielt. Gerade mit Blick auf die zu überwindenden Distanzen im europäischen interregionalen Handel wäre der Ausbau eines europaweiten Schnellbahnsystems - nicht zuletzt auch aus Umweltaspekten - sinnvoll.

Der katastrophale Zustand des bestehenden Schienenverkehrsnetzes, dessen Modernisierung einen Investitionsbedarf von schätzungsweise 200 Mrd. DM hat, wird jedoch kurz- bis mittelfristig ein Ausweichen auf die Straße unumgänglich machen. Damit kommt vor allem dem Straßenbau unter dem Aspekt der regionalen Weiterentwicklung in Ostdeutschland, aber auch in Osteuropa insgesamt eine besondere Bedeutung zu.

5. Die Attraktivität ostdeutscher Regionen muß durch Investitionen in die personelle und institutionelle Infrastruktur gefördert werden.

Die Sicherung eines qualitativen Wachstums in den Regionen der jungen Länder setzt in erheblichem Umfang auch Infrastrukturinvestitionen in die sogenannten "weichen" Standortfaktoren voraus. Das zielt auf die Attraktivität von Regionen, ihre Lebensqualität, ihr geistiges und bildungsmäßiges Klima sowie auf ihr Angebot an Dienstleistungen.

Ansatzpunkte liegen in der Fortbildung der in der Regel über eine solide Grundausbildung verfügenden Arbeitnehmer. Staatliche Investitionen in die Umqualifizierung sind unumgänglich, da zumindest die altansässigen Unternehmen sich zumeist in einer angespannten wirtschaftlichen Situation befinden und dies allenfalls in Ausnahmefällen selbsttätig leisten können.

Ein gewaltiger Investitionsbedarf zeigt sich auch im Bereich der Umweltsanierung in Ostdeutschland. Das frühere Regime hat über Jahrzehnte hinweg ökologische Aspekte des wirtschaftlichen Wachstums völlig außer acht gelassen. Die Folgen dieses kriminellen Verhaltens belasten heute ganz erheblich die Entwicklungsperspektiven der dortigen Regionen.

Hier müssen sich die Länder, Städte und Gemeinden in einer Kooperation auf abgestimmte Sanierungskonzepte einigen und - wo möglich - in enger Zusammenarbeit mit ansässigen Betrieben durchführen. Potentielle Neuinvestoren müssen in diese Anstrengungen eingebunden werden (Public-Private-Partnership).

Oberste Priorität als Standortfaktor muß aber die Rechtssicherheit der Investitionen haben. Sie ist das Kernelement, ohne das dringend erforderliche Investitionsvorhaben verschleppt, wenn nicht gar unmöglich gemacht werden.

6. Die Konzentration der Fördermittel auf Brennpunkträume gibt entscheidende Anstöße für den Aufschwung der ostdeutschen Regionen insgesamt. Private Finanzierung der Infrastrukturmaßnahmen könnte deren Durchführung beschleunigen.

   In den neuen Ländern zielen die gegenwärtigen regionalpolitischen Anstrengungen vor allem darauf ab, die überregionale verkehrsmäßige Anbindung und die desolate örtliche Infrastruktur als Kern der Standortqualität zu verbessern. Das Kommunalkreditprogramm leistet dabei wichtige Hilfestellung. Dem Ziel der Förderung gewerblicher Investitionen und wirtschaftsnaher Infrastruktur dient die Gemeinschaftsaufgabe "Verbesserung der regionalen Wirtschaftsstruktur". Sie ist heute das zentrale Instrument der Wirtschaftsförderung. Fördermittel des Europäischen Fonds für regionale Entwicklung sowie des Sonderprogramms "Aufschwung Ost" stocken die finanziellen Leistungen der Gemeinschaftsaufgabe auf.

   Als theoretisches Konzept der Aktivitäten dienen die Exportbasis-Theorie, nach der nur ein überregionaler Absatz zusätzliches Einkommen in die Region zieht, sowie die Theorie der Wachstumspole. Diesem Konzept ist man aber angesichts der schlechten Gegebenheiten in den neuen Ländern noch nicht gefolgt. Statt dessen erhält das gesamte Gebiet nach dem "Gießkannenprinzip" Fördermittel.

   Wesentlich sinnvoller wäre es, die Fördermittel auf Brennpunkte zu konzentrieren und verstärkt die Regionen zu fördern, deren Entwicklungschancen gut eingeschätzt werden können. Von solchen "Wachstumspolen" würden dann Ausstrahlungseffekte auch auf die umliegenden Regionen ausgehen.

   Zur Beschleunigung des Strukturwandels sollte darüber hinaus eine private Bereitstellung von Infrastruktur - wie sie im Fall des Autobahnbaus oder in jüngster Zeit auch für Telekommunikationsnetze und -einrichtungen gefordert wird - diskutiert werden. Sie könnte vor allem die Realisierungszeiträume für wichtige Vorhaben verkürzen. Das ist angesichts der unzureichenden Verwaltungsstrukturen in den neuen Ländern ein wichtiges Argument. Inwieweit eine Privatisierung auch Entlastungseffekte für die öffentlichen Haushalte hat, ist jedoch umstritten. Hier wird in Zusammenhang mit den diskutierten Modellen der privaten Infrastrukturbereitstellung (Betreiber-, Leasing-, Konzessions- und Mischmodelle) vor allem darauf hingewiesen, daß die staatlichen Ausgaben im wesentlichen nur in die Zukunft verlagert werden.

7. Die Erfahrungen Nordrhein-Westfalens mit dem zukunftsorientierten Strukturwandel können für die neuen Länder genutzt werden.

   Ähnlich - wenn auch freilich nicht in dem krisenhaften Ausmaß wie die neuen Länder heute - stand auch Nordrhein-Westfalen durch die ursprünglich sehr einseitige Ausrichtung der Industriestruktur auf Kohle und Stahl seit der ersten Kohlenkrise Ende der 50er Jahre, besonders stark jedoch seit Ende der 70er Jahre, vor strukturellen Problemen. Zu ihrer Bewältigung mußte ein zukunftsorientierter Strukturwandel eingeleitet werden.

In Nordrhein-Westfalen setzte man dabei systematisch auf die weichen Standortfaktoren. Die Schwerpunkte lagen auf der Verbesserung der materiellen und institutionellen Infrastruktur, vor allem beim Bildungswesen.

Durch den entschlossenen Ausbau der Hochschullandschaft, die Gründung überbetrieblicher Qualifikationsstätten und den Aufbau eines dichten Netzes von Technologiezentren erhielt die Qualifikations-, Wissenschafts- und Technologiepolitik den Stellenwert eines integralen Bestandteils der nordrhein-westfälischen Strukturpolitik.

Durch diese Infrastrukturinvestitionen konnten vielfach wichtige Anreize zur Ansiedlung zukunftsorientierter Unternehmen und Institutionen gegeben werden. Damit bildeten sie die Basis für einen erfolgreichen, zukunftsorientierten Strukturwandel in Nordrhein-Westfalen, dessen Kräfte durch besondere - vom Land initiierte - Programme wie die Zukunftsinitiative Montanregion (ZIM) und die Zukunftsinitiative Nordrhein-Westfalen (ZIN) zusätzlich gebündelt wurden.

8. Regionaler Auschwung und zukunftssichernder Strukturumbau kann nur dann greifen, wenn er von den Kräften der Region in Gang gesetzt und getragen wird.

Strukturwandel läßt sich weder hoheitlich verordnen, noch reicht die bloße Bereitstellung finanzieller Mittel aus. Notwendig sind Konzepte, die auf die spezifischen Probleme der jeweiligen Region abstellen. Die Investitionen müssen dabei auf die Mobilisierung und Aktivierung der vielfach unterschätzten regionalen Entwicklungspotentiale abzielen. Der spezifische Bedarf muß im Zusammenspiel aller beteiligten Kräfte wie Staat, Unternehmen, Arbeitnehmer und Investoren ermittelt werden. Die Zielformulierung auf regionaler Ebene erhöht dann die Durchsetzungschancen der ergriffenen Maßnahmen.

Diese "Regionalisierung der Strukturpolitik" weist dem Staat die Rolle des Moderators und Impulsgebers zu, der die notwendige Infrastruktur bereitstellt. Eine Stärkung der regionalen strukturpolitischen Kompetenzen muß aber vor dem Hintergrund der Schaffung eines europäischen Raumes vor allem auch eine Intensivierung der interregionalen Kooperation nach sich ziehen. Diese Zusammenarbeit kann dazu beitragen, Synergieeffekte zu nutzen, Größenvorteile auszubauen und vor allem Informationen auszutauschen. Nordrhein-Westfalen hat nicht zuletzt aus diesen Gründen Kontakte zu europäischen Regionen (z.B. in Belgien) geknüpft und wird diese Kooperation auch zukünftig pflegen und intensivieren.

Gottfried Schmitz

Schlußwort

Sehr geehrter Herr Minister,
meine Herren Präsidenten,
verehrte Gäste,
liebe Mitglieder und Freunde der Akademie!

Zum Abschluß unserer Tagung in Weimar den "genius loci" bemühen, hieße "Eulen nach Athen tragen". Dessen angemessene Huldigung ist - dem nachgewiesenen Bildungsstand einer so ausgewählten Zuhörerschaft entsprechend - durch Berufenere bereits hinreichend erfolgt. Ich möchte deshalb den Kreis nicht schließen mit einer ausführlichen Würdigung der Vorlieben, des speziellen Interesses und der fürsorglich anregenden und fördernden Pflege des Schiffsbaus, der Handwerkerschulen, der Musentempel, des Landschaftsbaus und was uns sonst noch aus den eigenen Zeugnissen des "Geheimrats" und aus den opulenten Schilderungen seines uns allen aus zurückliegenden Jugendjahren noch wohlbekannten Gesprächspartners Maßgebliches zur technischen, personellen und institutionellen Infrastruktur überliefert wurde.

Es wäre auch sicher verfehlt, an dieser Stelle eine Zusammenfassung der Vorträge und Diskussionen wagen zu wollen und ihr die zwangsläufig abstrakte Forderung anzuschließen, daß bei der Fülle der vor uns stehenden Aufgaben das Setzen von Prioritäten erforderlich sei.

Doch zwei Feststellungen sind hier angebracht:

Erstens: Der Erfolg einer Tagung ist davon abhängig, ob das richtige Thema zum richtigen Zeitpunkt am richtigen Ort verhandelt wird.

Sie mögen darüber selbst urteilen; ich nehme den Eindruck mit, daß die große Zahl der Kolleginnen und Kollegen aus den neuen Bundesländern für uns eine willkommene Bestätigung ist und schließe auch darin ganz besonders die Vertreter aus Polen und der Tschechoslowakei ein.

Und die zweite Feststellung: Die Renaissance der Beschäftigung mit der Infrastrukturpolitik nach rund 30 Jahren scheint mir beachtenswert. Sie erlauben mir dazu eine persönliche Bemerkung. Vor etwa 20 Jahren haben wir im Ruhrgebiet beim Siedlungsverband Ruhrkohlenbezirk den zweiten Gebietsentwicklungsplan (Regionalplan) erarbeitet und ihm den Titel gegeben: Regionale Infrastruktur. Dies war in einer Phase des industriellen und sozialen Umbruchs in dieser bislang kompaktesten und größten Industrieregion. Die Infrastrukturpolitik wird auch in den jungen Bundesländern in den nächsten Jahren eine Schlüsselrolle spielen müssen als Voraussetzung für den wirtschaftlichen Aufschwung.

Ich bin gewiß, daß unsere diesjährige Wissenschaftliche Plenarsitzung wichtige Anstöße für ein Fortdenken bis hin auch zu unkonventionellen Lösungsvorschlägen in unserer Akademie und in unserem Land gegeben hat.

Mehr als eine exemplarische Behandlung dieses großen Themas konnte es heute gewiß nicht sein, was ja auch dazu führte, daß die ökologischen Rahmenbedingungen einer weiterführenden regionalen Infrastrukturpolitik weitgehend ausgeklammert werden mußten. Hier vor allem muß wohl noch "nachgebessert" werden. Ich verweise hierzu insbesondere auch auf die Ausführungen der Herren Minister Schuster und Sieckmann.

Zum Schluß ein ganz großer Dank!

Zu danken ist allen, die aktiv an der Vorbereitung und Durchführung unserer Tagung mitgewirkt haben, den Mitarbeiterinnen und Mitarbeitern des Sekretariates der Akademie, insbesondere aber auch den hilfreichen Kollegen "vor Ort", der gastgebenden Stadt und der Landesregierung von Thüringen, die uns in jeder Hinsicht gefördert hat, und den Damen und Herren Abgeordneten, Ministern und Staatssekretären, die uns durch ihre Anwesenheit geehrt und durch ihre Beiträge zusammen mit den Vorträgen der Referenten und den Ausführungen der Diskutanten die sachliche Auseinandersetzung um unser großes Thema befruchtet haben. Wir gehen alle bereichert nach Hause und werden in den Einrichtungen der Akademie für Raumforschung und Landesplanung die wissenschaftliche Diskussion zum Nutzen der Raumordnungspolitik und der Planungspraxis fortsetzen.

FORSCHUNGS- UND
SITZUNGSBERICHTE 195

Aspekte einer raum- und umweltverträglichen Abfallentsorgung

Teil I

Inhalt

FORSCHUNGS- UND
SITZUNGSBERICHTE 196

Aspekte einer raum- und umweltverträglichen Abfallentsorgung

Teil II

Inhalt

FORSCHUNGS- UND SITZUNGSBERICHTE

171 Behördliche Raumorganisation seit 1800. 1988, 170 S., 45,- DM, ISBN 3-88838-750-7
173 Flächenhaushaltspolitik - Ein Beitrag zum Bodenschutz. 1987, 410 S., 68,- DM, ISBN 3-88838-755-8
174 Städtebau und Landesplanung im Wandel (26. Wissenschaftliche Plenarsitzung 1987). 1988, 262 S., 38,- DM, ISBN 3-88838-802-3
175 Regionalprognosen - Methoden und ihre Anwendung. 1988, 446 S., 69,- DM, ISBN 3-88838-001-4
176 Räumliche Auswirkungen der Waldschäden - dargestellt am Beispiel der Region Südlicher Oberrhein. 1988, 111 S., 39,- DM, ISBN 3-88838-002-2
177 Räumliche Auswirkungen neuerer agrarwirtschaftlicher Entwicklungen. 1988, 172 S., 42,- DM, ISBN 3-88838-003-0
178 Politikansätze zu regionalen Arbeitsmarktproblemen. 1988, 247 S., 45,- DM, ISBN 3-88838-004-9
179 Umweltgüte und Raumentwicklung. 1988, 178 S., 38,- DM, ISBN 3-88838-005-7
180 Integration der Landschaftsplanung in die Raumplanung. 1988, 211 S., 42,- DM, ISBN 3-88838-006-5
181 Regionalentwicklung im föderalen Staat (27. Wissenschaftliche Plenarsitzung 1988). 1989, 80 S., 18,- DM, ISBN 3-88838-007-3
182 Zur geschichtlichen Entwicklung der Raumordnung, Landes- und Regionalplanung in der Bundesrepublik Deutschland. 1991, 454 S., 75,- DM, ISBN 3-88838-008-1
183 Einsatz graphischer Datenverarbeitung in der Landes- und Regionalplanung. 1990, 176 S., 45,- DM, ISBN 3-88838-009-x
184 Europäische Integration - Aufgaben für Raumforschung und Raumplanung (28. Wissenschaftliche Plenarsitzung 1989). 1990, 165 S., 28,- DM, ISBN 3-88838-010-3
185 Aufgabe und Gestaltung von Planungskarten. 1991, 282 S., 66,- DM, ISBN 3-88838-011-1
186 Regional- und Landesplanung für die 90er Jahre (29. Wissenschaftliche Plenarsitzung 1990). 1990, 144 S., 26,- DM, ISBN 3-88838-012-x
187 Regionale Wirtschaftspolitik auf dem Weg zur europäischen Integration. 1992, 82 S., 29,- DM, ISBN 3-88838-013-8
188 Grenzübergreifende Raumplanung - Erfahrung und Perspektiven der Zusammenarbeit mit den Nachbarstaaten Deutschlands. 1992, 241 S., 59,- DM, ISBN 3-88838-014-6
189 Regionale und biographische Mobilität im Lebensverlauf. 1992, 199 S., 65,- DM, ISBN 3-88838-015-4
190 Perspektiven der Raumentwicklung in Europa (30. Wissenschaftliche Plenarsitzung 1991). 1992, 172 S., 42,- DM, ISBN 3-88838-016-2
191 Berufliche Weiterbildung als Faktor der Regionalentwicklung. 1993, 303 S., 59,- DM, ISBN 3-88838-017-0
193 Infrastrukturelle Voraussetzungen des Strukturwandels (31. Wissenschaftliche Plenarsitzung 1992). 1993, 71 S., 29,- DM, ISBN 3-88838-019-7
195 Aspekte einer raum- und umweltverträglichen Abfallentsorgung, Teil I. 1993, 632 S., 90,- DM, ISBN 3-88838-024-3
196 Aspekte einer raum- und umweltverträglichen Abfallentsorgung, Teil II. 1993, 611 S., 90,- DM, ISBN 3-88838-025-1

AKADEMIE FÜR RAUMFORSCHUNG UND LANDESPLANUNG